W0034736

HEYNE KOCHBÜCHER

Dr. Oetker

Fondue

WILHELM HEYNE VERLAG
MÜNCHEN

VORWORT

Der Klassiker unter den Fondues ist das Käsefondue. Aber nicht nur Käsefondues, sondern auch Rezepte für Fondues aus dem Fettbad, aus der Brühe, süße Fondues und Raceletterezepte sind in diesem Buch zu finden. Damit das gesellige Beisammensein abgerundet wird, dürfen Rezeptideen für Salate, Saucen und Beilagen nicht fehlen.

Die Rezepte sind einfach zuzubereiten und, soweit nicht anders vermerkt, für 4 Portionen ausgerichtet.

KAPITELÜBERSICHT

Aus der Brühe

Aus dem Fettbad

Käsefondues

AUS DER BRÜHE

FONDUE CHINOISE,
REZEPT SEITE 10

DIE ZUTATEN:

2 l GEMÜSEBRÜHE
SALZ
FRISCH GEMAHLENER
PFEFFER
5 g FRISCHER,
GEHACKTER INGWER
½ ZITRONENGRAS-
STÄNGEL (IN ASIALÄDEN
ERHÄLTLICH)
1 kg RINDERFILET
800 g GEMÜSE, Z.B.
CHINAKOHL, FENCHEL,
MÖHREN, STAUDEN-
SELLERIE, SOJASPROSSEN
200 g BAMBUSSPROSSEN
1 PCK. (300 g)
TK-ERBSEN
120 g GLASNUDELN
150–200 g KÜCHEN-
FERTIGE GARNELEN

FONDUE CHINOISE
(FOTO SEITE 8/9 – 6 PORTIONEN)

1. Die Gemüsebrühe in einen Fonduetopf geben, auf dem Herd aufkochen lassen, mit Salz und Pfeffer kräftig abschmecken. Ingwer unterrühren, den Topf auf ein Rechaud stellen, die Brühe nur schwach köcheln lassen.

2. Die Zitronengrasstängel klein schneiden, in die Brühe geben. Das Rinderfilet unter fließendem kalten Wasser abspülen, trockentupfen, in dünne Scheibchen schneiden (evtl. kurz anfrieren lassen, dann lässt es sich leichter schneiden).

3. Das Gemüse putzen, waschen, in Streifen oder kleine Stücke schneiden, Soja-sprossen abtropfen lassen, das Gemüse in Salzwasser 2–3 Minuten vorgaren, ab-tropfen lassen.

4. Die Bambussprossen abtropfen lassen, in Streifen schneiden. Die Erbsen auf-tauen lassen.

5. Die Glasnudeln mit kochendem Wasser übergießen. Die Garnelen abspülen und trockentupfen.

6. Alle Zutaten nach Belieben kombiniert in ein Messingkörbchen füllen, etwa 2 Minuten in die siedende Brühe hängen, herausnehmen, etwas abtropfen lassen, die Körbchen auf Teller stürzen.

Beigabe: Teufelssauce (Seite 82) und Reis.

DIE ZUTATEN:

800 g GEFLÜGELFLEISCH,
Z.B. HÄHNCHENBRUST-
FILET ODER PUTENBRUST-
FILET
4 EL SOJASAUCE
2 TL ZUCKER
1 GESTR. TL SALZ
PFEFFER
2 EL SPEISEÖL
3 EL WASSER
24 WIRSING- ODER WEIN-
BLÄTTER
400 g FRISCHES BRAT-
WURSTBRÄT
1 ½ l GEFLÜGELBRÜHE

GEFLÜGELPÄCKCHEN (FOTO)

1. Das Geflügelfleisch unter fließendem kalten Wasser abspülen, trockentupfen und in 24 Stücke schneiden.

2. Die Sojasauce mit Zucker, Salz, Pfeffer, Speiseöl und Wasser verrühren. Das Fleisch in der Mischung etwa 30 Minuten marinieren.

3. Die Wirsing- oder Weinblätter abspülen, in kochendem Wasser etwa 2 Minuten blanchieren, gut abtropfen lassen.

4. Die Blätter auf einem Küchentuch ausbreiten, auf jedes Blatt etwa 2 Teelöffel frisches Bratwurstbrät verteilen, darauf je ein mariniertes Fleischstück legen, das Blatt zusammenrollen, mit Holzstäbchen zusammenstecken.

5. Die Päckchen auf Fonduegabeln stecken. Die Brühe in einem Fonduetopf erhit-zen, auf dem Rechaud weiterköcheln lassen, die Päckchen etwa 5 Minuten darin garen lassen.

DIE ZUTATEN:

500 g TK-GARNELEN
125 ml (⅛ l) WEISSWEIN
2 WÜRFEL KREBSSUPPE
(FÜR 500 ml (½ l)
FLÜSSIGKEIT)
375 ml (⅜ l) WASSER
250 ml (¼ l) SCHLAG-
SAHNE
CAYENNEPFEFFER
SALZ

GARNELENFONDUE

1. Die Garnelen bei Zimmertemperatur auftauen lassen, evtl. den Darm entfernen, kurz abspülen und trockentupfen. Die Garnelen in Schälchen anrichten.

2. Den Wein, Krebssuppe und Wasser in einem Fonduetopf zum Kochen bringen. Die Sahne hinzugießen, mit Cayennepfeffer und Salz abschmecken. Auf dem Rechaud köcheln lassen.

3. Die Garnelen auf Fonduegabeln spießen, in der Brühe erhitzen und mit etwas von der Brühe verzehren.

Beilage: Weißbrot, Kresse- und Gurkensalat, Selleriesalat, Blumenkohlröschen, Artischockenherzen und Cocktailsauce.

KASSELERFONDUE

1. Den Kasseler-Aufschnitt längs halbieren und aufrollen.

2. Die Zwiebeln abziehen und in Ringe schneiden.

3. Ananas auf ein Sieb geben, abtropfen lassen, den Saft auffangen und 250 ml ($\frac{1}{4}$ l) abmessen. Ananas in Stücke schneiden.

4. Die Kassler-Röllchen, Zwiebelringe und Ananasstücke in Schälchen anrichten.

5. Den Annassaft und Weißwein in einem Fonduetopf zum Kochen bringen, kräftig abschmecken und auf dem Rechaud weiterköcheln lassen.

6. Die Zutaten abwechselnd auf Fonduegabeln spießen, in dem Sud garen lassen.

Beigabe: Weißbrot, Eisbergsalat und Tomaten-Mayonnaise.

DIE ZUTATEN:

500 g KASSELER-AUFSCHNITT
400 g KLEINE ZWIEBELN
1 DOSE (ABTROPF-GEWICHT 490 g)
ANANASSCHEIBEN
250 ml ($\frac{1}{4}$ l) ANANAS-SAFT
250 ml ($\frac{1}{4}$ l) TROCKENER WEISSWEIN
SALZ
FRISCH GEMAHLENER PFEFFER
EVTL. ETWAS TABASCO

DIE ZUTATEN:

200 g STAUDENSELLERIE
200 g MÖHREN
200 g ZUCKERSCHOTEN
ETWA 200 g BAMBUS-
SPROSSEN (AUS DEM
GLAS)
200 g SOJAKEIMLINGE
200 g TK-ERBSEN
200 g TOFU
465 g WASSERKASTANIEN
(AUS DER DOSE)
1 ½ l KRÄFTIGE GEMÜSE-
BRÜHE
4 EL SHERRY

DIE ZUTATEN:

20 g CHINESISCHE
TROCKENPILZE,
Z.B. MU-ERR-PILZE
150 ml WASSER
2 EL CREAM SHERRY
3 EL SOJASAUCE
1 EL ZITRONENSAFT
1 FRÜHLINGSZWIEBEL

DIE ZUTATEN:

½ KLEINE STANGE
PORREE (LAUCH)
10 g FRISCHER INGWER
1 KLEINE KNOBLAUCHZEHE
25 g SESAMPASTE
1 EL SOJASAUCE
1 EL ESSIG
1 TL ZUCKER
3 EL SESAMÖL
3 EL HÜHNERBRÜHE
2 MSP. SAMBAL OELEK
2 EL CHILISAUCE

GEMÜSEFONDUE MIT WASSERKASTANIEN *(FOTO)*

1. Den Sellerie putzen, waschen, die harten Außenfäden abziehen, Sellerie in dünne Scheiben schneiden. Die Möhren putzen, waschen, schälen, in dünne Streifen schneiden. Zuckerschoten waschen, die Enden abschneiden.

2. Die Bambussprossen abtropfen lassen, evtl. klein schneiden. Die Sojakeimlinge verlesen, waschen, abtropfen lassen. Die Erbsen auftauen lassen. Den Tofu abtropfen lassen. Die Kastanien abtropfen lassen.

3. Die Brühe in einem Fonduetopf erhitzen, den Sherry hinzufügen und auf dem Rechaud weiter köcheln lassen. Das Gemüse gemischt in ein kleines Sieb geben, in die Brühe halten, garen lassen.

Beilage: Körnig gekochter Reis, Soja-Pilz-Sauce, Scharfe Chinasauce.

SOJA-PILZ-SAUCE

1. Die Trockenpilze nach Gebrauchsanleitung in Wasser einweichen und abtropfen lassen.

2. Die Flüssigkeit durch ein feines Sieb geben, mit den eingeweichten Pilzen, Sherry, Sojasauce und Zitronensaft im Mixer pürieren.

3. Die Frühlingszwiebel putzen, die Knolle evtl. abziehen. Die Frühlingszwiebel waschen, würfeln und unter die Sauce rühren.

SCHARFE CHINASAUCE

1. Porree putzen, waschen und in feine Streifen schneiden. 1 Teelöffel davon beiseite stellen. Ingwer schälen und sehr fein würfeln. Knoblauch abziehen und durch die Knoblauchpresse geben.

2. Die Zutaten mit Sesampaste, Sojasauce, Essig, Zucker, Öl, Brühe, Sambal Oelek und Chilisauce verrühren und mit den Porreestreifen bestreuen.

DIE ZUTATEN:

1 BUND SUPPENGRÜN
3 STIELE PETERSILIE
1 ¼ l GEMÜSEFOND
1 TL SCHWARZE PFEFFER-
KÖRNER
1 TL GETROCKNETE
KRÄUTER DER PROVENCE
SALZ
FRISCH GEMAHLENER
PFEFFER

ZUM DIPPEN:
300 g BLUMENKOHL-
RÖSCHEN
100 g BROCCOLIRÖSCHEN
150 g KOHLRABISPALTEN
100 g SPARGELSCHEIBEN
100 g CHAMPIGNON-
STÜCKE
100 g ZUCKERSCHOTEN
200 g ZUCCHINISCHEIBEN

KRÄUTERFONDUE

1. Das Suppengrün waschen, putzen und in Stücke schneiden. Die Petersilie abspülen. Gemüsefond, Suppengrün, Petersilie, Pfefferkörner und Kräuter der Provence in einen Topf geben und zugedeckt 20 Minuten bei mittlerer Hitze kochen.

2. Den Gemüsefond durch ein Sieb in einen Fonduetopf gießen und mit Salz und Pfeffer würzen. Die Brühe nochmals erhitzen, auf dem Rechaud weiter köcheln lassen. Das gewaschene und geputzte Gemüse auf Fonduegabeln spießen und in der Brühe garen.

Beilage: Kalte Gnocchi, bunter Bandnudelsalat, geräucherte Putenbrust, Mortadella, Salami, Ciabatta, Knoblauch-Baguette, Brödli (oder anderes Knäcke), gemischte Blattsalate und Rauke.

Saucen: Steinpilz-Pesto, Safran-Joghurt (Seite 30) und Mandelsauce (Seite 34).

DIE ZUTATEN:

10 g GETROCKNETE
STEINPILZE
125 ml (⅛ l) HEISSES
WASSER
30 g PINIENKERNE
1 KNOBLAUCHZEHE
6 EL OLIVENÖL
1 STIEL PFEFFERMINZE
50 g GERIEBENER
PARMESAN
6 EL GEMÜSEBRÜHE
SALZ
FRISCH GEMAHLENER
PFEFFER

STEINPILZ-PESTO

1. Die Steinpilze in einem Sieb abspülen und in heißem Wasser 20 Minuten einweichen. Die Pinienkerne in einer Pfanne ohne Fett goldbraun rösten.

2. Den Knoblauch abziehen und fein würfeln. Steinpilze abtropfen lassen, dabei das Einweichwasser auffangen. Steinpilze hacken.

3. Den Knoblauch in 1 Esslöffel Öl andünsten. Gehackte Steinpilze mit dem Einweichwasser dazugeben und 10 Minuten dünsten.

4. Pinienkerne grob hacken. Minze abspülen und trockenschütteln. Die Blätter grob hacken. Steinpilze, Pinienkerne, Minze, Parmesan und restliches Olivenöl pürieren. Die Brühe unterrühren. Mit Salz und Pfeffer würzen.

DIE ZUTATEN:

1,1–1,2 l GEMÜSEFOND
ODER -BRÜHE
½ PCK. „KARTOFFELPÜREE
MIT MILCH" (135 g)
400 ml SCHLAGSAHNE
FRISCH GEMAHLENER
PFEFFER
GERIEBENE MUSKATNUSS

ZUM DIPPEN:
GEBRATENE HACKBÄLLCHEN
GERÖSTETE PETERSILIEN-
WEISSBROTWÜRFEL
250 g BLANCHIERTE
BROCCOLIRÖSCHEN
250 g BLANCHIERTE
MÖHRENSTÜCKE
200 g COCKTAILTOMATEN

KARTOFFELFONDUE

1. Den Gemüsefond erhitzen. Das Kartoffelpüree mit einem Kochlöffel einrühren und 1 Minute quellen lassen.

2. Die Sahne in das Kartoffelpüree rühren, alles erhitzen und mit Pfeffer und Muskat abschmecken.

3. Die Kartoffel-Sahne-Brühe in einen Fonduetopf gießen, nochmals erhitzen und auf dem Rechaud weiter köcheln lassen. Die Zutaten zum Dippen auf Fonduegabeln spießen und in der Kartoffel-Sahne-Brühe garen.

Beilage: Eingelegte Rote Bete, Silberzwiebeln, gehackte Kräuter (Schnittlauch, Dill, Petersilie) und geriebener alter Gouda.

CHINA-FONDUE

1. Die Hühnerbrust, das Puten- und Entenfleisch unter fließendem kalten Wasser abspülen, trockentupfen, quer zur Faser in 3–5 mm dünne Scheiben schneiden, auf einer Platte anrichten.

2. Von den Zuckerschoten die Enden abschneiden, die Schoten waschen, abtropfen lassen. Die Frühlingszwiebeln putzen, die Knollen evtl. abziehen, die Frühlingszwiebeln waschen, in dünne Ringe schneiden.

3. Die Sojabohnen waschen, abtropfen lassen. Den Chinakohl putzen, in Streifen schneiden, waschen, abtropfen lassen. Die Bambussprossen abtropfen lassen, in Scheiben schneiden. Die Wasserkastanien abtropfen lassen. Die Zutaten auf einer Platte anrichten.

4. Die Glasnudeln mit kochendem Wasser übergießen, etwa 30 Minuten einweichen. Die Hühnerbrühe in einem Fonduetopf aufkochen, auf dem Rechaud weiter köcheln lassen.

5. Das klein geschnittene Gemüse im Sieb, Fleisch und große Gemüsestückchen auf Fonduegabeln in die Brühe halten, das rohe Gemüse benötigt einige Minuten zum Garen, das gare Gemüse muss nur erhitzt werden. Zum Schluss die Glasnudeln in die Brühe geben, in kleinen Suppentassen servieren.

DIE ZUTATEN:

JE 300 g HÜHNERBRUST, PUTEN- UND ENTEN-FLEISCH
250 g ZUCKERSCHOTEN
250 g FRÜHLINGS-ZWIEBELN
250 g SOJABOHNEN
250 g CHINAKOHL
200 g BAMBUSSPROSSEN (AUS DER DOSE)
200 g WASSERKASTANIEN (AUS DER DOSE)
100 g GLASNUDELN
1 ½ l KRÄFTIGE HÜHNER-BRÜHE

DIE ZUTATEN:

ETWA 1–1 ¼ kg KÜCHEN-
FERTIGE MEERESFRÜCHTE,
Z.B. FILETS VON FEST-
FLEISCHIGEN SEEFISCHEN
(ROTBARSCH, SCHELL-
FISCH, SCHOLLE, HEIL-
BUTT, LACHS) ODER
SÜSSWASSERFISCHEN
(FORELLE, LACHSFORELLE),
ROHE GARNELEN UND
MIESMUSCHELN
WEISSWEIN

FÜR DIE BRÜHE:
1 ZITRONE
(UNBEHANDELT)
1 ZWIEBEL
60 g PETERSILIE
1 GROSSE MÖHRE
1 STANGE PORREE (LAUCH)
1 ¼ l HÜHNERBRÜHE
250 ml (¼ l) WEISSWEIN
1 LORBEERBLATT
10 PFEFFERKÖRNER
1 STÄNGEL THYMIAN
SALZ

MEERESFRÜCHTEFONDUE
(FOTO)

1. Die Fischstücke unter fließendem kalten Wasser abspülen, trockentupfen und in etwa 2 cm große Stücke schneiden. Die rohen Garnelen schälen, die Därme entfernen, die Garnelen kalt abspülen und trockentupfen.

2. Die Miesmuscheln im geschlossenen Topf in Weißwein etwa 5 Minuten dünsten, bis die Schalen sich öffnen. Das Muschelfleisch aus den Schalen nehmen, den Fisch und die Meeresfrüchte auf einer Platte anrichten.

3. Die Zitrone waschen, abtrocknen, die Schale abreiben. Die Zitrone auspressen. Die Zwiebel abziehen, würfeln. Die Petersilie waschen. Die Möhre putzen, schälen, waschen, in Scheiben schneiden. Den Porree putzen, in Scheiben schneiden, gründlich waschen.

4. Alle Zutaten mit Hühnerbrühe und Weißwein verrühren. Das Lorbeerblatt, Pfefferkörner, Thymian und Salz hinzufügen, zum Kochen bringen. Etwa 30 Minuten schwach kochen lassen, durch ein Sieb in einen Fonduetopf geben, aufkochen lassen und auf dem Rechaud weiterköcheln lassen. Den Fisch und die Meeresfrüchte auf Fonduegabeln spießen und darin garen lassen.

Beilage: Kräcker, Weißbrot, angebratene Porreestücke.

Saucen: Aioli, Puten-Thunfisch-Sauce (Seite 22), Rohe Tomatensauce (Seite 81).

DIE ZUTATEN:

1 EIGELB
3 ABGEZOGENE,
ZERDRÜCKTE KNOBLAUCH-
ZEHEN
1 PRISE MEERSALZ
150 ml OLIVENÖL
1 TL ZITRONENSAFT
1 PRISE SAFRANPULVER
PFEFFER

AIOLI

1. Eigelb mit Knoblauch, Meersalz so lange schlagen, bis das Dotter hellgelb ist. Olivenöl unter ständigem Schlagen zunächst tropfenweise, dann in einem dünnen Strahl hinzugeben.

2. Zitronensaft, Safranpulver und Pfeffer unter Rühren hinzufügen, die Aioli kalt stellen.

DIE ZUTATEN:

1 GESTR. EL KORIANDER-
KÖRNER
1 l GEFLÜGELFOND
ODER -BRÜHE
SCHALE VON 1 ZITRONE
(UNBEHANDELT)
1 ENTENBRUSTFILET
(CA. 350 g)
500 g PUTENBRUSTFILET
300 g HÄHNCHENBRUST-
FILET
SALZ
FRISCH GEMAHLENER
PFEFFER

GEFLÜGELFONDUE

1. Den Koriander in einen Teefilter geben. Den Fond oder die Brühe und 250 ml (¼ l) Wasser mit Koriander und Zitronenschale im geschlossenen Topf 10 Minuten kochen.

2. Alle Fleischsorten kalt abspülen und trockentupfen. Die Entenbrust häuten, die Sehnen entfernen und das Fleisch in dünne Scheiben schneiden. Die Hähnchenbrust in Scheiben, Putenbrust in Würfel schneiden.

3. Den Koriander und Zitronenschale herausnehmen. Brühe mit Salz und Pfeffer würzen, in einen Fonduetopf gießen, nochmals erhitzen und auf dem Rechaud weiter köchlen lassen.

4. Das vorbereitete Geflügelfleisch auf Fonduegabeln stecken und in der siedenden Brühe garen.

5. Nachdem das Fleisch gegart wurde, die Brühe durch ein Sieb gießen, nach-würzen und servieren.

Beilagen: Zwiebelbaguettes, Nudelsalat mit Sesam, Süß-saurer Salat (Seite 90), Rote-Linsen-Salat (Seite 84), 200 g gelbe Paprikaringe und 200 g Tomatenscheiben.

Saucen: Erdnusssauce (Seite 82) und Pflaumensauce (Seite 86).

Außerdem: Baguette, Kartoffelchips und Sojasauce.

DIE ZUTATEN:

150 g PUTENSCHNITZEL
2 EL SPEISEÖL
1 ZWIEBEL
1 DOSE THUNFISCH,
NATURELL (150 g)
100 ml SCHLAGSAHNE
2 EL ERBSEN
(AUS DER DOSE)
1 EL GEHACKTE PIMPINEL-
LEBLÄTTCHEN
2 EL GEHACKTE
PETERSILIE
1 EL ZITRONENSAFT
PFEFFER

PUTEN-THUNFISCH-SAUCE

1. Das Putenschnitzel unter fließendem kalten Wasser abspülen, trockentupfen, in feine Würfel schneiden. Speiseöl erhitzen, die Putenwürfel darin anbraten. Zwiebel abziehen, in Ringe schneiden, etwa 5 Minuten mit dem Putenfleisch schmoren lassen.

2. Thunfisch abtropfen lassen, Sud auffangen, mit Sahne zu dem Putenfleisch gießen, weitere 5 Minuten schmoren lassen. Den Thunfisch hinzugeben, nochmals aufkochen lassen, das Thunfisch-Fleisch mit einer Gabel zerdrücken.

3. Erbsen und Pimpinelleblättchen, Petersilie und Zitronensaft zugeben, mit Pfeffer abschmecken.

AUS DEM FETTBAD

TEMPURA-FONDUE,
REZEPT SEITE 26

DIE ZUTATEN:

FÜR DEN TEIG:
1 EI (GRÖSSE M)
270-300 ml SEHR KALTES WASSER
200 g WEIZENMEHL (TYPE 405)
1 PRISE BACKPULVER

ZUM FRITTIEREN:
ETWA 1 l NEUTRALES ÖL,
Z.B. 1-2 EL SESAMÖL

ZUM DIPPEN:
600 g MARINIERTE HÄHNCHENBRUSTWÜRFEL
600 g FISCHRÖLLCHEN

TEMPURA-FONDUE *(FOTO SEITE 24/25)*

1. Für den Teig Ei und kaltes Wasser verrühren. Das Mehl und Backpulver mischen. Das Wassergemisch nach und nach unterrühren. (Den Teig möglichst erst kurz vor dem Gebrauch anrühren, da er dann beim Frittieren knuspriger wird.)

2. Das Öl in einem Fonduetopf auf etwa 170 °C erhitzen. (Das Öl ist heiß, wenn sich Bläschen um einen in das Öl getauchten Holzstiel bilden.) Sesamöl dazugeben. Den Fonduetopf auf dem Rechaud weiter köcheln lassen. Die Zutaten zum Dippen auf Fonduegabeln spießen und in den Teig tauchen und frittieren.

Beilage: Saurer Reis, Schwarzwurzelsalat (Seite 85) und Spaghettinisalat (Seite 89), Gurkenscheiben.

Saucen: Grüner Meerrettich, Mangosauce (Seite 38) und Sesam-Nuss-Sauce (Seite 82).

Tipp:
Sollte die Temperatur des Öls während des Frittierens stark gesunken sein, das Öl erneut auf dem Herd erhitzen.

DIE ZUTATEN:

400 g LACHSFILET
400 g HEILBUTT
400 g KABELJAUFILET
SALZ
FRISCH GEMAHLENER, WEISSER PFEFFER
ZITRONENSAFT

FÜR DEN WEINTEIG:
250 g WEIZENMEHL
250 ml (¼ l) WEISSWEIN
2 EIGELB (GRÖSSE M)
125 ml (⅛ l) SCHLAGSAHNE
2 EIWEISS (GRÖSSE M)
1 L PFLANZENÖL ODER
1 KG PFLANZENFETT

FISCHFONDUE *(FOTO)*

1. Alle Fischsorten unter fließendem kalten Wasser abspülen, trockentupfen, in etwa 2 x 2 cm große Würfel schneiden. Mit Salz, Pfeffer würzen und Zitronensaft beträufeln.

2. Für den Teig das Mehl in eine Rührschüssel sieben, mit Wein, Eigelb, Sahne, Salz zu einem glatten Teig verarbeiten.

3. Das Eiweiß steif schlagen, unter den Teig heben. Die Fischstücke durch den Weinteig ziehen.

4. Das Fett in einem Fonduetopf erhitzen, auf dem Rechaud weiter köcheln, die Fischstücke in dem heißen Fett frittieren.

Beilage: Weißbrot, Meerrettichsauce, Mixed Pickles.

Tipp:
200 g TK-Tintenfischringe auftauen lassen, durch den Weinteig ziehen und ausbacken.

DIE ZUTATEN:

FÜR DEN TEIG :
2 EIWEISS
400 ml EISWASSER
SALZ
200 g REISMEHL

FÜR DAS GEMÜSE-
TEMPURA:
150 g KÜRBIS
100 g STAUDENSELLERIE
50 g SHIITAKE-PILZE
OHNE STIEL
100 g GRÜNER SPARGEL
100 g FINGERMÖHREN
100 g ZUCCHINI
100 g BLUMENKOHL
2 STÄNGEL MINZE
100 g WEIZENMEHL

1 kg FRITTIERFETT

Tipp:
Tempura kann man auch gut mit Meeres-früchten zubereiten. Dafür eignen sich besonders gut Riesen-garnelen und kala-mares. Dann zuerst aber die Gemüse, dann die Meeresfrüchte bei 185 °C frittieren. Mit den frittierten Gemüsen zusammen servieren.

GEMÜSE-TEMPURA *(2 PORTIONEN)*

1. Für den Teig Eiweiß und das Eiswasser verrühren und salzen. Das Reismehl zugeben und kurz verrühren, nicht zu lange, da der Teig sonst klebrig wird.

2. Für das Gemüse-Tempura den Kürbis schälen, entkernen und in mundgerechte Stücke schneiden. Den Staudensellerie putzen, waschen, harte Fäden an der Außenseite abziehen und in 6 cm lange Stäbchen schneiden. Die Shiitake-Pilze putzen, mit Küchenpapier abreiben, evtl. abspülen, halbieren. Den Spargel schälen, waschen, längs halbieren. Die Fingermöhren schälen, waschen und längs halbieren. Von den Zucchini die Enden abschneiden, waschen und in mundgerechte Stücke schneiden. Den Blumenkohl putzen, waschen, in Röschen zerpflücken und nochmals halbieren. Die Minze abspülen, von den groben Stängeln befreien.

3. Das Gemüse kurz in Salzwasser blanchieren, im Eiswasser kurz abschrecken und mit einem Tuch trocknen. Kurz im Mehl wälzen und anschließend durch den Backteig ziehen. Das Fett in einem Fonduetopf auf der Herdplatte erhitzen, dann auf dem Rechaud weiter köcheln lassen.

4. Das Gemüse nach und nach frittieren. Zum Schluss die Minzeblätter frittieren.

5. Auf Küchenpapier das Fett abtropfen lassen, das Gemüse-Tempura sofort heiß servieren.

TEMPURA- JAPANISCHES FONDUE

1. Die Garnelen sorgfältig schälen, den Darm entfernen, Garnelen und Tintenfisch-tuben unter fließendem kalten Wasser abspülen.

2. Die Schollenfilets kalt abspülen, trockentupfen, von evtl. vorhandenen Gräten und Haut befreien, Schollenfilets zu Röllchen aufwickeln, quer halbieren und auf Spieße stecken. Tintenfischstuben in Streifen schneiden. Alle Meeresfrüchte mit Salz, Pfeffer und Austernsauce etwa 1 Stunde marinieren.

3. Die Filetscheiben kalt abspülen und trockentupfen. Die Pilze putzen, mit Küchen-papier abreiben, evtl. abspülen.

4. Das Fleisch, Pilze und Gemüse mit Salz, Pfeffer und Sojasauce würzen und etwa 30 Minuten darin marinieren. Die Zutaten aus der Marinade nehmen, abtropfen las-sen, mit Speisestärke bestreuen. Das Sesamöl in einem Fonduetopf erhitzen, auf dem Rechaud weiter köcheln lassen. Die Zutaten in Sesamöl kurz ausbacken.

Beilage: Gemüsereis und scharfe Chilisauce.

DIE ZUTATEN:

12 GROSSE GARNELEN
8 KÜCHENFERTIGE
TINTENFISCHTUBEN
8 SCHOLLENFILETS
SALZ
FRISCH GEMAHLENER
PFEFFER
3 EL AUSTERNSAUCE
(ASIA-SHOP)
8 SCHEIBEN HÄHNCHEN-
BRUSTFILET (À 30 g)
8 SCHEIBEN SCHWEINE-
FILET (À 30 g)
8 SHIITAKE-PILZE
4 GRÜNE PAPRIKASTÜCKE
4 ROTE PAPRIKASTÜCKE
5 EL SOJASAUCE
SPEISESTÄRKE
1 L SESAMÖL

Tipp:
Die klassische Zuberei-tungsversion von Tempura ist das Ausbacken in tiefem Fett. Fisch, Fleisch und Gemüse werden nach dem Würzen auf Spieße aufgereiht, durch flüssigen Teig (200 g Mehl mit 3 Eiern und 500 ml (1/2 L) Milch oder Wasser klumpenfrei verrühren, mit Salz und geriebener Muskatnuss würzen) gezogen und in heißem Sesamöl gebacken.

DIE ZUTATEN:

FÜR DAS CHUTNEY:
2 BIRNEN
1 GLAS (212 ml) PREISEL-
BEERKOMPOTT
SAFT VON 1 ZITRONE
1 TL SENFKÖRNER
1 LOBEERBLATT
100 g ZUCKER
FRISCH GEMAHLENER
PFEFFER

2 MITTELGROSSE MÖHREN
SALZ
1 BUND GLATTE PETER-
SILIE
6 DÜNNE PUTEN-
SCHNITZEL (JE 120 g)
3 KLEINE ZUCCHINI
PAPRIKA EDELSÜSS

400 g PUTENLEBER
150 g SCHALOTTEN
ROSMARIN ZUM
GARNIEREN
1 kg FRITTIERFETT

PUTENFLEISCHFONDUE

1. Für das Chutney Birnen schälen, halbieren und das Kerngehäuse entfernen. Die Birnen in kleine Stücke schneiden. Preiselbeerkompott, Birnenstücke, Zitronensaft, Senfkörner, Lorbeerblatt, Zucker und Pfeffer kurz aufkochen, 20–30 Minuten unter mehrmaligem Umrühren bei mittlerer Hitze einkochen lassen.

2. Die Möhren schälen, waschen, der Länge nach mit einem Sparschäler in dünne Scheiben schneiden und in kochendem Salzwasser kurz blanchieren. Die Petersilie waschen und die Blättchen von den Stielen zupfen.

3. Die Putenschnitzel unter fließendem kalten Wasser abspülen, trockentupfen und mit Salz und Pfeffer würzen. Drei Putenschnitzel mit Möhrenscheiben und Petersilienblättchen belegen, fest aufrollen und in Stücke schneiden.

4. Die Zucchini waschen, abtrocknen, die Enden abschneiden, die Zucchini jeweils mit einem der restlichen Schnitzel umwickeln und in Stücke schneiden. Die Oberfläche mit Paprika bestreuen.

5. Die Leber putzen, kalt abspülen, trockentupfen und in große Stücke schneiden. Die Schalotten abziehen. Alle Zutaten auf einer Platte anrichten und mit Rosmarin garnieren.

6. Das Fett erhitzen, in einen Fonduetopf geben und auf dem Rechaud weiter köcheln lassen. Das Fleisch auf Fonduegabeln stecken und im heißen Fett braten. Dazu das Chutney reichen.

Tipp:
Nach Belieben süßsaure eingelegte Kürbis-
würfel und eine fertige Senf-Sahne-Sauce
und Baguette dazureichen.

DIE ZUTATEN:

2 MITTELGROSSE (175 g)
ZWIEBELN
1 KNOBLAUCHZEHE
2 EL OLIVENÖL
1 PCK. GEMAHLENER
SAFRAN
2 EL HEISSES WASSER
150 g SAHNEJOGHURT
SALZ
PFEFFER

SAFRAN-JOGHURT

1. Die Zwiebeln und Knoblauch abziehen, fein würfeln und im Öl glasig dünsten. Abkühlen lassen.

2. Den Safran und heißes Wasser verrühren. Den Joghurt, Zwiebeln, Knoblauch damit verrühren und mit Salz und Pfeffer würzen.

DIE ZUTATEN:

200 g THÜRINGER METT
200 g RINDERGEHACKTES
1 EI (GRÖSSE M)
1 ABGEZOGENE, FEIN
GEHACKTE ZWIEBEL
1 EL GEHACKTE PETER-
SILIE
2–3 EL SEMMELBRÖSEL
WORCESTERSAUCE
SALZ
FRISCH GEMAHLENER
PFEFFER
200 g GEHACKTES PUTEN-
FLEISCH
25 g SCHWEINEKRUSTELN
ODER KARTOFFELCHIPS
20 g PAPRIKACHIPS
20 g ERDNUSSFLIPS
1–1 ½ kg FRITTIERFETT

HACKFLEISCHFONDUE MIT KNUSPERKRUSTE

1. Das Mett zu kleinen Bällchen formen.

2. Das Rindergehackte mit Ei, Zwiebel, Petersilie und Semmelbröseln zu einem festen Teig verkneten, mit Worcestersauce, Salz und Pfeffer würzen und Bällchen daraus formen.

3. Das Putenfleisch mit Salz und Pfeffer würzen und zu Bällchen formen.

4. Die Schweinekrusteln oder Kartoffelchips mit dem Pürierstab zermahlen und Schweinemettbällchen darin wälzen.

5. Die Paprikachips grob zermahlen und Rindfleischbällchen darin wälzen.

6. Die Erdnussflips grob zermahlen und Putenfleischbällchen darin wälzen.

7. Das Frittierfett im Fonduetopf auf 180 °C erhitzen, der Topf sollte zur Hälfte mit dem Fett gefüllt sein.

8. Den Topf auf dem Rechaud weiter köcheln lassen, Bällchen auf Fonduegabeln spießen und einzeln im Fett frittieren.

Saucen: Walnuss-Joghurt-Creme, Griechische Käsesauce, Gurkenrelish mit Senf-körnern und Rhabarber-Chutney.

DIE ZUTATEN:

80 g WALNUSSKERNE
1 KNOBLAUCHZEHE
150 g JOGHURT
5 EL WALNUSSÖL
SALZ, PFEFFER

WALNUSS-JOGHURT-CREME

1. Die Walnusskerne sehr fein hacken. Den Knoblauch abziehen und zerdrücken.

2. Beide Zutaten mit Joghurt und Öl zu einer sämigen Sauce verrühren. Mit Salz und Pfeffer würzen und kalt stellen.

DIE ZUTATEN:

100 g SCHAFSKÄSE
200 ml SAHNEDICKMILCH
1 KNOBLAUCHZEHE
10 SCHWARZE OLIVEN
1 FRÜHLINGSZWIEBEL
SALZ, PFEFFER

GRIECHISCHE KÄSESAUCE

1. Den Schafskäse mit einer Gabel zerdrücken, mit Dickmilch vermengen und im Mixer pürieren.

2. Den Knoblauch abziehen und zerdrücken. Die Oliven entkernen und fein hacken.

3. Die Frühlingszwiebel putzen, waschen und in Ringe schneiden. Die drei Zutaten unter die Sauce rühren, mit Salz und Pfeffer würzen und kalt stellen.

GURKENRELISH MIT SENFKÖRNERN

1. Die Senfkörner mit Obstessig aufkochen, über Nacht ziehen lassen.

2. Die Salatgurke waschen, die Enden abschneiden, die Gurke zerkleinern, pürieren. Die Zwiebel abziehen, fein würfeln mit dem Gurkenpüree, Dill und Salz vermengen, in ein Sieb geben, über Nacht abtropfen lassen.

3. Das Gurkenmus mit den eingelegten Senfkörnern, Pfeffer, Ingwerpulver und Muskatblüte verrühren, kühl stellen.

RHABARBER-CHUTNEY

1. Die Möhren putzen, schälen, waschen, grob raspeln. Den Rhabarber putzen, waschen, in kurze Stücke schneiden.

2. Die Rhabarberstücke mit den Möhrenraspeln, Sherryessig, Ingwer und Rohrzucker vermengen, mit Pfeffer, Zimt und Piment würzen, etwa 25 Minuten bei mittlerer Hitze kochen lassen. Nach Belieben einen Teil der Masse pürieren und alles zusammen in eine Schüssel geben.

DIE ZUTATEN:

50 g SENFKÖRNER
3 EL OBSTESSIG
1 SALATGURKE
1 KLEINE ZWIEBEL
1 EL GEHACKTER DILL
10 g SALZ, PFEFFER
INGWERPULVER
MUSKATBLÜTE

DIE ZUTATEN:

200 g MÖHREN
200 g RHABARBER
6 EL SHERRYESSIG
1 TL GERIEBENER
FRISCHER INGWER
100 g BRAUNER ROHR-
ZUCKER
SCHWARZER PFEFFER
ZIMTPULVER
PIMENTPULVER

DIE ZUTATEN:

800 g RINDERFILET ODER
ROASTBEEF
1 L SPEISEÖL ODER
1 kg KOKOSFETT
SALZ
FRISCH GEMAHLENER
PFEFFER

FONDUE BOURGUIGNONNE

1. Das Rinderfilet oder Roastbeef unter fließendem kalten Wasser abspülen, trockentupfen, enthäuten, in etwa 3 cm große Stücke schneiden und in Schälchen anrichten.

2. Das Speiseöl oder Kokosfett in einem Fonduetopf erhitzen und auf dem Rechaud köcheln lassen.

3. Das Fleisch auf Fonduegabeln spießen, in dem Fett garen lassen, mit Salz und Pfeffer bestreuen.

Beigabe: Weißbrot, Senffrüchte, Mixed Pickles, Scharfe Chinasauce (Seite 14), Ketchup, Aprikosensauce mit Curry.

DIE ZUTATEN:

100 g APRIKOSEN-
KONFITÜRE
100 g MAYONNAISE
1–2 TL CURRYPULVER

APRIKOSENSAUCE MIT CURRY

1. Die Aprikosenkonfitüre glatt rühren.

2. Mit Mayonnaise und Curry verrühren.

DIE ZUTATEN:

30 g ABGEZOGENE,
GEMAHLENE MANDELN
2 KNOBLAUCHZEHEN
1 EL SPEISEÖL
200 ml SCHLAGSAHNE
1 GESTR. TL SPEISE-
STÄRKE
SALZ
FRISCH GEMAHLENER
PFEFFER
GERIEBENE MUSKATNUSS
EVTL. 1–2 TROPFEN
BITTERMANDELÖL

MANDELSAUCE

1. Mandeln in einer Pfanne ohne Fett rösten. Knoblauch abziehen, durch die Presse drücken und im Öl andünsten.

2. Sahne und Speisestärke verquirlen, zum Knoblauch geben und unter Rühren aufkochen lassen. Mit Salz, Pfeffer, Muskat und evtl. Mandelöl würzen.

DIE ZUTATEN:

**FÜR DIE TOMATEN-
KRÄUTERBÄLLCHEN:**
300 g RINDERGEHACKTES
2 EL GEHACKTE
PETERSILIE
2–3 TOMATENMARK
1 EL PAPRIKA EDELSÜSS
1 KLEINE GERIEBENE
ZWIEBEL
1 DURCHGEPRESSTE
KNOBLAUCHZEHE
1 EI (GRÖSSE M)
3 EL SEMMELBRÖSEL
SALZ, PFEFFER

**FÜR DIE METT-
KÄSEBÄLLCHEN:**
300 g FEINES SCHWEINE-
METT
ETWA 60 g GOUDA

**FÜR DIE APRIKOSEN-
CURRYSAUCE:**
100 g APRIKOSEN-
KONFITÜRE
100 g SALATMAYONNAISE
1–2 TL CURRY
ETWAS ZITRONENSAFT

1 kg PFLANZENFETT
MIXED PICKLES
KETCHUP
MAISKÖLBCHEN
OLIVEN

HACKBÄLLCHENFONDUE

1. Für die Tomaten-Kräuterbällchen die Zutaten miteinander verkneten, mit Salz und Pfeffer abschmecken und kleine Bällchen formen.

2. Für die Mett-Käsebällchen, das Mett zu Bällchen formen, den Käse in 1 cm große Würfel schneiden. Je 1 Käsewürfel in ein Bällchen drücken und rundformen.

3. Alle Hackbällchen bis zum Gebrauch mit Klarsichtfolie abgedeckt kühl stellen.

4. Für die Aprikosen-Currysauce die Zutaten verrühren und mit Zitronensaft abschmecken.

5. Das Pflanzenfett erhitzen, in einen Fonduetopf geben und auf dem Rechaud weiter köcheln lassen. Die Hackbällchen auf Fonduegabeln spießen und im Fett rundherum braten.

6. Zum Fondue nach Belieben Mixed Pickles, die Sauce, Ketchup, Maiskölbchen und Oliven reichen.

Gefüllte-Hackbällchen-Fondue

DIE ZUTATEN:

2 ZWIEBELN
1 BUND GLATTE
PETERSILIE
2 KNOBLAUCHZEHEN
150 g SCHAFSKÄSE
JE ½ HALBE ROTE,
GRÜNE UND GELBE
PAPRIKASCHOTE
800 g GEHACKTES
(HALB RIND-, HALB
SCHWEINEFLEISCH)
100 g SEMMELBRÖSEL
2 EIER
SALZ
FRISCH GEMAHLENER
PFEFFER
1 l PFLANZENÖL ODER
1 kg PFLANZENFETT

1. Die Zwiebeln abziehen, fein würfeln. Die Petersilie abspülen, trockentupfen, die Blättchen von den Stängeln zupfen, fein hacken. Die Knoblauchzehen abziehen, durch die Knoblauchpresse drücken.

2. Den Schafskäse in kleine Würfel schneiden. Die Paprikaschoten waschen, die weißen Scheidewände entfernen, die Schoten in kleine Würfel schneiden.

3. Gehacktes mit den Zwiebelwürfeln, Knoblauch, Petersilie, Semmelbröseln und Eiern vermengen, mit Salz und Pfeffer würzen.

4. Die Masse in zwei Teile teilen. Aus der einen Hälfte Bällchen formen. Die Bällchen etwas flachdrücken, einen Schafskäsewürfel hineingeben, die Hackmasse um den Schafskäse drücken. Die Bällchen auf einem Teller anrichten. Unter die andere Hälfte der Hackmasse die Paprikawürfel mengen. Ebenfalls zu Bällchen formen, anrichten.

5. Das Pflanzenöl oder Pflanzenfett in einem Fonduetopf erhitzen, den Topf auf dem Rechaud weiter köcheln lassen, die Bällchen auf Fonduegabeln stecken, im heißen Fett frittieren.

Beilage: Fladenbrot, Salate, Oliven.

DIE ZUTATEN:

800 g CAMEMBERT
WEIZENMEHL
2 VERSCHLAGENE EIER
80 g SEMMELBRÖSEL
1 l SPEISEÖL ODER
1 kg KOKOSFETT

CAMEMBERTFONDUE (FOTO)

1. Den Camembert in 2–3 cm große Stücke schneiden.

2. Zuerst in Mehl, dann in Eiern und zuletzt in Semmelbröseln wenden und auf einer Platte anrichten.

3. Den Käse etwa 1 Stunde kühl stellen.

4. Das Speiseöl oder Kokosfett in einem Fonduetopf erhitzen, auf dem Rechaud köcheln lassen, den Käse auf Fonduegabeln spießen und in dem Fett erhitzen.

Beilage: Folienkartoffeln, dicke saure Sahne, Preiselbeerkompott.

DIE ZUTATEN:

2 REIFE MANGOS
½–1 GRÜNE CHILISCHOTE
70 g ZUCKER
150 ml WASSER
1–2 TL OBSTESSIG
SALZ, ZUCKER

MANGOSAUCE

1. Mangos schälen, das Fruchtfleisch vom Stein schneiden und würfeln. Chilischote der Länge nach aufschneiden, entkernen und fein würfeln.

2. Zucker in einem Topf mit dickem Boden goldbraun karamellisieren lassen. Mangos, Chili und Wasser dazugeben und zugedeckt 10 Minuten kochen.

3. Sauce mit Essig, Salz und Zucker abschmecken. Abkühlen lassen.

DIE ZUTATEN:

800 g SCHWEINEFILET
JE 1 ROTE, GELBE UND
GRÜNE PAPRIKASCHOTEN
200 g ZUCCHINI
1 BUND FRÜHLINGS-
ZWIEBELN
1 l SPEISEÖL ODER
1 kg KOKOSFETT
SALZ
FRISCH GEMAHLENER
PFEFFER

SCHWEINEFILETFONDUE
(TITELFOTO)

1. Das Schweinefilet abspülen, abtrocknen und in Würfel schneiden.

2. Die Paprikaschoten halbieren, entstielen, entkernen, die weißen Scheidewände entfernen, waschen und in Stücke schneiden.

3. Die Zucchini waschen, abtrocknen, die Enden abschneiden, die Zucchini in Scheiben schneiden. Die Fühlingszwiebeln putzen, waschen und in 2–3 cm lange Stücke schneiden.

4. Das Fleisch, Paprika, Zucchini und Frühlingszwiebeln anrichten. Speiseöl oder Kokosfett in einem Fonduetopf erhitzen, auf dem Rechaud weiter köcheln lassen.

5. Das Fleisch und Gemüse abwechselnd auf Fonduegabeln spießen, in dem Fett garen lassen und mit Salz und Pfeffer würzen.

Beilage: Baguettebrot, Rohe Tomatensauce (Seite 81) und Kräutersauce (Seite 81).

KÄSE-FONDUES

GENFER KÄSEFONDUE,
REZEPT SEITE 42

DIE ZUTATEN:

3 EIGELB
125 ml (1/8 l) SCHLAG-
SAHNE
125 ml (1/8 l) WEISSWEIN
500 g EMMENTALER
SALZ
FRISCH GEMAHLENER
PFEFFER
GERIEBENE MUSKATNUSS

GENFER FONDUE (FOTO SEITE 40/41)

1. Das Eigelb mit der Sahne und dem Wein verschlagen, in einem Fonduetopf auf der Kochstelle zum Kochen bringen.

2. Den Emmentaler grob raspeln, nach und nach hinzufügen, unter ständigem, kräftigem Rühren köcheln lassen, bis eine einheitliche Masse entstanden ist, mit Salz, Pfeffer und Muskat abschmecken, den Fonduetopf auf dem Rechaud weiterköcheln lassen.

Beigabe: Geröstete Weißbrotwürfel, kleine heiße Pellkartoffeln.

DIE ZUTATEN:

2 GEMÜSEZWIEBELN
(600 g)
100 g SCHALOTTEN
2–3 KNOBLAUCHZEHEN
1 BUND THYMIAN
(ERSATZWEISE 1–2 TL
GETROCKNETER THYMIAN)
3 EL OLIVENÖL
500 ml (1/2 l) GEMÜSE-
BRÜHE
100 ml SCHLAGSAHNE
40 g SPEISESTÄRKE
1 PAKET SAHNE-
SCHMELZKÄSE (200 g)
SALZ
FRISCH GEMAHLENER
PFEFFER
PAPRIKA EDELSÜSS

ZUM DIPPEN:
KÄSE-KRÄUTER-STANGEN
SALBEISCHNITZEL
3 LAUGENSTANGEN,
IN DICKE SCHEIBEN
GESCHNITTEN

ZWIEBELFONDUE (FOTO)

1. Die Zwiebeln und Schalotten abziehen und würfeln. Knoblauch abziehen und in Scheiben schneiden. Den Thymian abspülen, trockenschütteln und mit Küchengarn zusammenbinden. Zwiebeln, Schalotten, Knoblauch und Thymian im Öl andünsten. Die Brühe dazugeben und zugedeckt 20 Minuten bei mittlerer Hitze kochen.

2. Den Thymian entfernen. Die Zwiebelbrühe mit dem Schneidstab pürieren. Die Sahne und Stärke verrühren und in die kochende Brühe rühren. Die Zwiebelsahne 2 Minuten unter Rühren köcheln lassen. Den Schmelzkäse dazugeben und unter Rühren aufkochen. Mit Salz, Pfeffer und Paprika würzen.

3. Die Käse-Zwiebel-Sauce in einem Fonduetopf geben, nochmals erhitzen und auf dem Rechaud weiter köcheln lassen. Die Zutaten zum Dippen auf Fonduegabeln spießen und in der Käse-Zwiebel-Sauce garen.

Beilagen: Hart gekochte Eier, Süß-saurer Salat (Seite 90), Grissini.

Tipp:
Als Getränk einen trockenen
Weißwein und Kirschwasser servieren.

2 KLEINE CHICORÉE
½ STAUDE STAUDEN-
SELLERIE
250 g KLEINE
CHAMPIGNONS
250 g FEINER LEBERKÄSE
JE 125 g GRÜNE UND
BLAUE WEINTRAUBEN
2 KLEINE BANANEN
2 EL ZITRONENSAFT
EVTL. ETWAS ZITRONEN-
MELISSE ZUM GARNIEREN
1 BUND SCHNITTLAUCH
3 EL SESAM
CURRYPULVER
ETWA 900 g
VERSCHIEDENE BROT-
SORTEN, Z.B. BAUERBROT,
HASELNUSSBROT, WEISS-
BROT
JE 500 g GREYERZER- UND
EMMENTALER KÄSE
1 KNOBLAUCHZEHE
600 ml TROCKENER
WEISSWEIN
4–5 TL SPEISESTÄRKE
4–5 EL KIRSCHWASSER
FRISCH GEMAHLENER,
WEISSER PFEFFER
GERIEBENE MUSKATNUSS
ETWAS WORCESTERSAUCE

KÄSEFONDUE MIT PIKANTEN LECKEREIEN *(6 PORTIONEN)*

1. Das Gemüse putzen, waschen. Chicoréeblätter lösen und evtl. halbieren oder dritteln. Den Sellerie in Stücke schneiden. Den Leberkäse würfeln. Das Gemüse und den Leberkäse auf einer Platte anrichten.

2. Die Weintrauben waschen und trockentupfen. Die Bananen schälen, in etwa 2 cm dicke Scheiben schneiden und sofort mit Zitronensaft beträufeln. Das Obst auf einer Platte anrichten und evtl. mit Zitronenmelisse garnieren.

3. Den Schnittlauch abspülen, trockentupfen und in Röllchen schneiden. Den Sesam ohne Fett in einer Pfanne anrösten. Schnittlauch, Sesam und Curry jeweils in ein Schälchen füllen. Das Brot dick würfeln und anrichten.

4. Den Käse grob raspeln, den Knoblauch abziehen und den Fonduetopf damit ausreiben. Den Wein und den restlichen Zitronensaft in den Topf geben und bei schwacher Hitze erwärmen. Den Käse zufügen und unter ständigem Rühren darin auflösen, bis eine glatte Creme entstanden ist.

5. Die Speisestärke und das Kirschwasser glatt rühren, in die Käsemasse einrühren und kurz aufkochen. Die Käsemasse hat die richtige Konsistenz, wenn der Rührlöffel beim Herausnehmen nur mit einem dünnen Film überzogen ist.

6. Die Käsemasse mit Pfeffer, Muskat und etwas Worcestersauce abschmecken. Das Fondue auf dem Rechaud weiterköcheln lassen. Die Zutaten auf Fonduegabeln spießen und in den Käse tauchen. Danach evtl. mit Sesam, Schnittlauch oder Curry bestreuen.

KRÄUTERFONDUE

1. Den Emmentaler fein würfeln oder grob raspeln. Den Schmelzkäse in Stücke schneiden.

2. Das Bier in einem Fonduetopf auf der Kochstelle zum Kochen bringen, nach und nach den Käse hinzufügen und unter ständigem, kräftigem Rühren köcheln lassen, bis eine einheitliche Masse entstanden ist.

3. Die Speisestärke mit Kirschwasser anrühren, das Fondue damit binden und Kräuter unterrühren. Das Fondue auf dem Rechaud weiterköcheln lassen.

Beilage: Geröstete Weißbrotwürfel, Fleischwurstwürfel, Birnenstücke und Salat.

DIE ZUTATEN:

300 g EMMENTALER
4 ECKEN RAHM-SCHMELZ-
KÄSE
250 ml (¼ l) HELLES BIER
1 EL SPEISESTÄRKE
2–3 EL KIRSCHWASSER
4 EL GEHACKTE KRÄUTER,
Z.B. PETERSILIE, DILL,
SCHNITTLAUCH,
BASILIKUM

DIE ZUTATEN:

200 g GREYERZER
200 g RACLETTE
100 g MOZZARELLA
1 ABGEZOGENE,
ZERDRÜCKTE KNOBLAUCH-
ZEHE
100 ml MILCH
200 ml WEISSWEIN
1 EL SPEISESTÄRKE
4 EL WEISSWEIN
FRISCH GEMAHLENER
PFEFFER
GERIEBENE MUSKATNUSS

KÄSEFONDUE VON DREIERLEI KÄSE

1. Den Käse in kleine Würfel schneiden, mit Knoblauch, Milch und Wein (200 ml) in einem Fonduetopf unter ständigem Rühren erhitzen.

2. Wenn der Käse geschmolzen, aber noch nicht gelöst ist, Speisestärke mit Weißwein (4 EL) anrühren, unterrühren und unter ständigem, kräftigem Rühren so lange köcheln lassen, bis eine einheitliche Masse entstanden ist.

3. Kurz aufkochen lassen, mit Pfeffer und Muskat abschmecken. Fondue auf dem Rechaud weiterköcheln lassen.

Beilage: Dicke Salzstangen, Weißbrot, gebackene Kartoffeln, Sauerkrautsalat, Bauernsalat.

Tipp:
Eine edle Note erhält das Fondue, wenn zum Schluss eine klein geschnittene, weiße Trüffel untergerührt wird. Der köstliche Trüffelgeschmack kann auch durch Zugabe des günstigeren Trüffelsaftes (in Feinkostläden erhältlich) erzielt werden.

DIE ZUTATEN:

1 GELBE PAPRIKASCHOTE
(200 g)
2 EL OLIVENÖL
250 g SAUERKRAUT
(AUS DER DOSE)
100 g CRÈME FRAÎCHE
1–2 EL TOMATENMARK
½ BUND GLATTE
PETERSILIE
SALZ
PFEFFER
HONIG

SAUERKRAUTSALAT

1. Die Paprika halbieren, entkernen, die weißen Scheidewände entfernen, die Schote waschen und in Würfel schneiden und 5 Minuten im Öl dünsten.

2. Das Sauerkraut ausdrücken und abtropfen lassen. Die Crème fraîche und Tomatenmark verrühren. Die Petersilie abspülen und trockenschütteln. Petersilienblätter, bis auf einige zum Garnieren, hacken.

3. Sauerkraut, Paprika und gehackte Petersilie mit der Salatsauce mischen und mit Salz, Pfeffer und Honig würzen. Den Salat mindestens 1 Stunde stehen lassen.

4. Den Salat nachwürzen und mit der restlichen Petersilie garnieren.

DIE ZUTATEN:

80 g BUTTER
60 g WEIZENMEHL
3–4 EL CURRYPULVER
1 l HÜHNERBRÜHE
300 g DOPPELRAHM-
FRISCHKÄSE
CAYENNEPFEFFER
GEMAHLENER KREUZ-
KÜMMEL
2–3 TL ZITRONENSAFT
SALZ, PFEFFER

CURRYFONDUE

1. Die Butter zerlassen. Das Mehl und Curry darin anschwitzen. Die Hühnerbrühe unter Rühren nach und nach dazugeben und aufkochen lassen. Bei milder Hitze unter gelegentlichem Rühren 10 Minuten köcheln lassen, dann auf dem Rechaud weiterköcheln lassen.

2. Den Frischkäse unterrühren. Mit Cayennepfeffer, Kreuzkümmel, Zitronensaft, Salz und Pfeffer würzen.

Beilage: Marinierte Rettichscheiben (Seite 86), Spinatsalat (Seite 86) und Blattsalate, Apfel-Gurkensalat mit Kokos (Seite 90).

Zum Dippen: Reiskugeln, geröstete Kräuterbrotscheiben, Kartoffelbällchen und Omelettstreifen.

DIE ZUTATEN:

150 g MILCHREIS
375 ml ($^3/_8$ l) BRÜHE
75 g GEKOCHTER
SCHINKEN
50 g GETROCKNETE
PFLAUMEN (OHNE STEIN)
1 EIWEIß (GRÖSSE M)
SALZ, ZIMT
PFEFFER

REISKUGELN

1. Den Reis im geschlossenen Topf in der Brühe etwa 30 Minuten köcheln lassen, bis alle Flüssigkeit aufgenommen ist.

2. Den Schinken in kleine Würfel schneiden. Die Pflaumen hacken. Den Reis abkühlen lassen.

3. Das Eiweiß steif schlagen, unter den Reis rühren. Den Schinken und die Pflaumen unterheben. Mit Salz, Zimt und Pfeffer würzen. Aus der Reismasse mit angefeuchteten Händen etwa 24 kleine Kugeln formen.

DIE ZUTATEN:

2 BRÖTCHEN
1 BUND SCHNITTLAUCH
40 g WEICHE BUTTER
2 EL ABGEZOGENE,
GEMAHLENE MANDELN
SALZ
FRISCH GEMAHLENER
PFEFFER

GERÖSTETE KRÄUTERBROTSCHEIBEN

1. Die Brötchen in 12 Scheiben schneiden. Den Schnittlauch abspülen, trockenschütteln und in feine Röllchen schneiden. Die Butter, Schnittlauch und Mandeln verrühren. Mit Salz und Pfeffer würzen.

2. Brötchenscheiben mit der Butter bestreichen und unter dem vorgeheizten Grill des Backofens goldbraun überbacken.

KARTOFFELBÄLLCHEN

1. Die Röstzwiebeln etwas zerdrücken. Das Kartoffelpulver und die Röstzwiebeln in 250 ml (¼ l) kaltes Wasser rühren und 10 Minuten quellen lassen.

2. Den Koriander abspülen und trockenschütteln. Die Blätter grob hacken und mit dem Krabbenfleisch mischen.

3. Aus dem Kartoffelteig mit angefeuchteten Händen 12 kleine Klöße formen, dabei jeden Kloß mit einem Teil der Krabbenmasse füllen.

4. Kartoffelbällchen in reichlich siedendem Salzwasser 15 Minuten gar ziehen lassen. Herausnehmen und abtropfen lassen.

DIE ZUTATEN:

15 g RÖSTZWIEBELN
½ PCK. 8 ROHE KLÖSSE
(CA. 120 g)
4 STIELE KORIANDER
(ERSATZWEISE GLATTE
PETERSILIE)
50 g NORDSEEKRABBEN-
FLEISCH
SALZ

SÜSSE FONDUES

PUDDING-RUM-FONDUE,
REZEPT SEITE 52

DIE ZUTATEN:

250 ml (¼ l) SCHLAG-
SAHNE ODER MILCH
½ PCK. PUDDING-PULVER
VANILLE-GESCHMACK
250 ml (¼ l) RUMTOPF-
FLÜSSIGKEIT

MAKRONEN
KNUSPERGEBÄCK
FRÜCHTE AUS DEM
RUMTOPF
ORANGENSPALTEN
KIWIS IN SCHEIBEN
APRIKOSEN- UND
ANANASSTÜCKE

PUDDING-RUM-FONDUE

(FOTO SEITE 50/51)

1. Die Schlagsahne oder Milch in einem Fonduetopf auf der Kochstelle zum Kochen bringen.

2. Das Pudding-Pulver mit Rumtopf-Flüssigkeit anrühren, unter Rühren in die von der Kochstelle genommene Sahne (Milch) geben, aufkochen lassen.

3. Das Fondue auf dem Rechaud weiterköcheln lassen. Das Gebäck und das Obst auf Fonduegabeln spießen und in das Pudding-Rum-Fondue tauchen.

Tipp:
Wer keine Rumtopf-Flüssigkeit hat, kann 150 ml Schlagsahne und 100 ml Rum verwenden.

DIE ZUTATEN:

500 ml (½ l)
ORANGENSAFT (VON ETWA
6 ORANGEN)
2–3 EL BRAUNER ZUCKER
1 EL SPEISESTÄRKE
2 EL ZITRONENSAFT

ZWIEBACK
LÖFFELBISKUITS
BANANENWÜRFEL
GEDÜNSTETE APFEL-,
PFIRSICH- UND BIRNEN-
SPALTEN

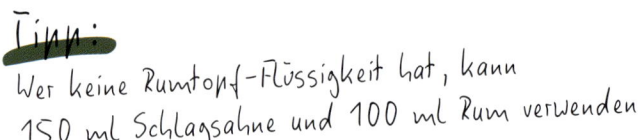

ORANGENFONDUE *(FOTO)*

1. Die Orangensaft mit Zucker in einem Fonduetopf auf der Kochstelle zum Kochen bringen, die Flüssigkeit etwas einkochen lassen.

2. Die Speisestärke mit Zitronensaft anrühren, den Saft damit binden, mit Zucker abschmecken, das Fondue auf dem Rechaud weiterköcheln lassen. Das Gebäck und das Obst auf Fonduegabeln spießen und in das Orangenfondue tauchen.

DIE ZUTATEN:

750 ml (¾ l) WASSER
SCHALE VON ¼ ZITRONE
(UNBEHANDELT)
130 g ZUCKER
40 g MAISSTÄRKE
10 g BUTTER
4–5 EL ZITRONENSAFT
2 EL ROSENWASSER
(REFORMHAUS ODER
APOTHEKE)
1 TL NEUTRALER HONIG,
Z.B. RAPSHONIG

ZUM DIPPEN:
BLÄTTERTEIG-ZIMT-
STREIFEN
WALNUSSKUGELN
JOGHURT-GRIESS-
BÄLLCHEN

DIE ZUTATEN:

½ PAKET TIEFGEKÜHLTER
BLÄTTERTEIG
(3 SCHEIBEN = 225 g)
1 EL GEMAHLENER ZIMT
1 EL ZUCKER
1 EIGELB (GRÖSSE M)
1 EL MILCH
MEHL ZUM BEARBEITEN

ORIENTALISCHES FONDUE

1. Das Wasser, Zitronenschale und Zucker in einen Fonduetopf geben und 10 Minuten köcheln lassen.

2. Die Zitronenschale entfernen. Stärke und 5 Esslöffel Wasser verrühren, in den kochenden Sirup rühren und kurz köcheln lassen. Butter darin schmelzen lassen.

3. Das Fondue mit Zitronensaft, Rosenwasser und Honig abschmecken und auf dem Rechaud weiterköcheln lassen. Die Zutaten zum Dippen auf Fonduegabeln spießen und in das orientalische Fondue tauchen.

Beilage: 4 geviertelte Feigen, 2 filetierte Orangen, 300 g entsteinte Süßkirschen, 3 in Spalten geschnittene Nektarinen.

BLÄTTERTEIG-ZIMT-STREIFEN

1. Die Teigplatten nebeneinander ausbreiten und abgedeckt bei Zimmertemperatur auftauen lassen. Zimt und Zucker mischen. Eigelb und Milch verquirlen.

2. Die Teigplatten auf der bemehlten Arbeitsplatte aufeinander legen und zu einem Quadrat (etwa 24 x 24 cm) ausrollen und 5 Minuten ruhen lassen. Den Teig mit der Gabel mehrfach einstechen.

3. Die Teigkanten rundherum gerade schneiden. Teig mit Eigelb-Milch bestreichen und mit Zimtzucker bestreuen.

4. Aus dem Teig 24 Streifen (8 x 3 cm) schneiden und auf ein mit Backpapier belegtes Backblech legen, das Backblech in den Backofen schieben.

Ober-/Unterhitze: etwa 200 °C (vorgeheizt)
Heißluft: etwa 180 °C (vorgeheizt)
Gas: etwa Stufe 4 (vorgeheizt)
Backzeit: 12–18 Minuten.

WALNUSSKUGELN

1. Die Löffelbiskuits in einen Gefrierbeutel geben und mit der Kuchenrolle fein zerkrümeln.

2. Die Marzipanrohmasse, gemahlene Walnüsse, Sahne und Biskuitkrümel verkneten. Daraus 16 Kugeln formen. In jede Kugel eine Walnusshälfte drücken.

DIE ZUTATEN:

4 LÖFFELBISKUITS
100 g MARZIPANROH-
MASSE
50 g GEMAHLENE
WALNUSSKERNE
2–3 TL SCHLAGSAHNE
8 HALBIERTE WALNUSS-
KERNE

JOGHURT-GRIESS-BÄLLCHEN

1. Die Milch und den Vanillin-Zucker aufkochen. Den Grieß unter Rühren einstreuen und aufkochen lassen. Bei milder Hitze etwa 3 Minuten köcheln lassen, dabei gelegentlich umrühren. Vom Herd nehmen.

2. Ei und Zucker schaumig schlagen, Joghurt unterheben. Die Joghurtmasse unter den Grieß heben. Grieß abkühlen lassen.

3. Aus der Grießmasse mit angefeuchteten Händen etwa 16 Bällchen formen.

4. Die Zitronenschale in reichlich Wasser aufkochen. Die Bällchen im siedenden Wasser etwa 10 Minuten garen. Mit der Schaumkelle herausheben und abtropfen lassen.

DIE ZUTATEN:

250 ml (¼ l) MILCH
1 TL VANILLIN-ZUCKER
150 g HARTWEIZENGRIESS
1 EI (GRÖSSE M)
50 g ZUCKER
150 g VOLLMILCHJOGHURT
½ SCHALE VON 1 ZITRONE
(UNBEHANDELT)

DIE ZUTATEN:

1 EL KORINTHEN
750 ml ($\frac{3}{4}$ l) APFELSAFT
2 PCK. GLÜHWEINGEWÜRZ
SCHALE VON $\frac{1}{2}$ ZITRONE
(UNBEHANDELT)
80 g BUTTER
60 g WEIZENMEHL
1 BECHER (150 g)
CRÈME FRAÎCHE

ZUM DIPPEN:
300 g APFELSPALTEN
KOKOSWÜRFEL
GEFÜLLTE DATTELN UND
TROCKENPFLAUMEN

WEIHNACHTSFONDUE

1. Korinthen abspülen und abtropfen lassen. 500 ml ($\frac{1}{2}$ l) Apfelsaft mit Glühwein-gewürz, Zitronenschale und Korinthen aufkochen und 10 Minuten köcheln lassen.

2. Die Butter zerlassen. Mehl darin anschwitzen. Restlichen Apfelsaft unter Rühren nach und nach dazugeben. Gewürzten Apfelsaft durch ein Sieb gießen und ebenfalls unterrühren. Fondue bei milder Hitze unter gelegentlichem Rühren 10 Minuten köcheln lassen.

3. Die Crème fraîche unterrühren, das Fondue in einen Fonduetopf füllen, den Fonduetopf auf dem Rechaud weiterköcheln lassen. Die Zutaten zum Dippen auf Fonduegabeln spießen und in den Fonduetopf tauchen.

Beilage: Haselnusskrokant und Rumrosinen.

DIE ZUTATEN:

4 DICKE SCHEIBEN
KASTENWEIZENBROT
(200 g)
120 g ZUCKER
75 g BUTTER
2 EL SCHLAGSAHNE
4 EL KOKOSRASPEL

KOKOSWÜRFEL

1. Das Brot in etwa 2 cm große Würfel schneiden.

2. Den Zucker goldbraun karamellisieren lassen. Butter und Sahne dazugeben und unter Rühren so lange kochen, bis die Butter geschmolzen ist.

3. Die Brotwürfel in den Karamell geben und bei milder Hitze so lange darin wen-den, bis der Karamell aufgesogen ist. Kokosraspel nach und nach darüber streuen. Die Kokoswürfel auf einem Kuchenrost abkühlen lassen.

DIE ZUTATEN:

70 g MARZIPANROH-
MASSE
1 TL FEIN GEHACKTE
PISTAZIENKERNE
6 GETROCKNETE DATTELN
6 GETROCKNETE
PFLAUMEN (OHNE STEINE)

GEFÜLLTE DATTELN UND TROCKENPFLAUMEN

1. Das Marzipan und Pistazienkerne verkneten, zu einer Rolle formen und in 12 Stücke teilen.

2. Die Datteln längs aufschneiden und die Steine entfernen. Die Pflaumen längs aufschneiden. Die Datteln und Pflaumen mit Marzipan füllen und leicht zusammen-drücken.

DIE ZUTATEN:

500 ml (½ l) WALD-
MEISTERSIRUP
250 ml (¼ l) KLARER
APFELSAFT
SCHALE VON 1 ZITRONE
(UNBEHANDELT)
40 g SPEISESTÄRKE
2–3 EL ZITRONENSAFT

ZUM DIPPEN:
75 g MARSHMALLOWS
KNUSPERSCHNITTEN
BANANEN-BAISER-SPIESSE
KIRSCH-KUCHEN-SPIESSE

FONDUE FÜR KINDER

1. In einem Fonduetopf den Waldmeistersirup, 150 ml Apfelsaft und Zitronenschale etwa 5 Minuten köcheln lassen. Den übrigen Apfelsaft und Speisestärke verrühren. In die kochende Sirupmischung rühren und kurz köcheln lassen. Mit Zitronensaft abschmecken.

2. Den Fonduetopf auf dem Rechaud weiterköcheln lassen. Die Zutaten zum Dippen auf Fonduegabeln spießen und in das Fondue tauchen.

Beilage: Brausepulver, Schokostreusel und bunte Zuckerstreusel.

DIE ZUTATEN:

20 g CORNFLAKES
3 KINDER MILCH-
SCHNITTEN (JE 28 g)

KNUSPERSCHNITTEN

1. Die Cornflakes zerbröseln und auf einen Teller geben.

2. Jede Milchschnitte quer in 5 gleichgroße Streifen schneiden. Die Streifenränder in die Cornflakes drücken. Die Cornflakes leicht andrücken.

DIE ZUTATEN:

1 BANANE (CA. 200 g)
1 EL ZITRONENSAFT
100 g MINI-BAISERS

BANANEN-BAISER-SPIESSE

1. Die Banane schälen, in 8 gleichgroße Stücke schneiden und mit Zitronensaft beträufeln.

2. Je 2 Baiser und 1 Stück Banane auf einen Spieß stecken.

DIE ZUTATEN:

12 SÜSSKIRSCHEN
100 g SANDKUCHEN

KIRSCH-KUCHEN-SPIESSE

1. Die Süßkirschen waschen, trockentupfen und entsteinen. Den Sandkuchen erst in Scheiben, dann in je 12 Würfel schneiden.

2. Je 2 Sandkuchenwürfel und 1 Kirsche auf einen Holzspieß stecken.

DIE ZUTATEN:

500 ml (½ l) SCHLAG-
SAHNE
1 VANILLESCHOTE
1 EL WEINBRAND
JE 150 g ZARTBITTER-
UND VOLLMILCH-
KUVERTÜRE
600–800 g FRÜCHTE, Z.B.
ERDBEEREN, KIRSCHEN,
WEINTRAUBEN
200 g BUTTERKEKSE
150 g SANDKUCHEN-
WÜRFEL

SCHOKOLADENFONDUE

1. Die Sahne mit aufgeschlitzter Vanilleschote und Weinbrand zum Kochen bringen, etwa 5 Minuten kochen lassen und die Vanilleschote herausnehmen.

2. Die Kuvertüre in Stücke brechen, zur Sahne geben, unter Rühren auflösen. Schokoladensauce im Fonduetopf auf dem Rechaud warm halten.

3. Die Früchte putzen und in Stücke schneiden. Butterkekse und Sandkuchenwürfel auf einem Teller anrichten. Das Obst und die Kuchenwürfel auf Fonduegabeln stecken und in der Schokoladensauce wenden. Kekse mit einem Ende in die Sauce tauchen.

Beilage: Weißbrot, Waffeln, Früchte, z.B. Birnenspalten, Pfirsich, Aprikosenspalten.

MILCH-VANILLE-FONDUE

1. Das Eigelb mit Zucker cremig rühren. Die Vanilleschote längs aufschneiden, das Vanillemark auskratzen und mit Milch zum Kochen bringen.

2. Die heiße Milch unter ständigem Rühren zu der Eigelbmasse geben, die Sauce wieder erhitzen (nicht kochen lassen), evtl. durch ein Sieb gießen und mit Obstlikör abschmecken.

3. Das Obst putzen, waschen evtl. schälen und in Stücke oder Spalten schneiden.

4. Die Sauce im Fonduetopf auf dem Rechaud warm halten. Das Obst auf Fonduegabeln stecken und in der Sauce wenden.

DIE ZUTATEN:

6 EIGELB (GRÖSSE M)
100 g ZUCKER
$\frac{1}{2}$ VANILLESCHOTE
500 ml ($\frac{1}{2}$ l) MILCH
OBSTLIKÖR

ZUM DIPPEN:

1 KIWI
8 ERDBEEREN
150 g WEINTRAUBEN
1 BANANE
1 ORANGE
1 BIRNE
1 PFIRSICHE
1 APFEL

DIE ZUTATEN:

120 g ZARTBITTER-
SCHOKOLADE
250 g HELLER SIRUP
300 ml SCHLAGSAHNE
500 ml (½ l) MILCH
30 g SPEISESTÄRKE
EINIGE TROPFEN PFEFFER-
MINZÖL (A. D. APOTHEKE)

ZUM DIPPEN:
JE 150 g GRÜNE UND
BLAUE WEINTRAUBEN
250 g ERDBEEREN
50 g ORANGENGEBÄCK
1 STERNFRUCHT (KARAM-
BOLE), IN SCHEIBEN
MINI-ZITRONAT-PFANN-
KUCHEN
MINI-JOHANNISBEER-
KÜCHLEIN

DIE ZUTATEN:

25 g ZITRONAT (SUCCADE)
1 EI (GRÖSSE M)
50 ml MILCH
50 g WEIZENMEHL
1 PRISE SALZ
3 EL SPEISEÖL

DIE ZUTATEN:

2 EIER (GRÖSSE M)
50 ml MILCH
50 g WEIZENMEHL
1 PRISE SALZ
50 g ROTE JOHANNIS-
BEEREN
4 EL SPEISEÖL

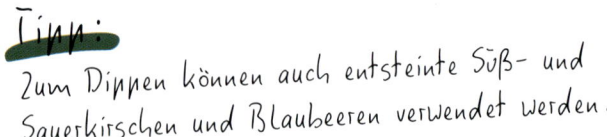

SCHOKO-MINZ-FONDUE

1. Die Schokolade in Stücke brechen. Sirup, Sahne und 300 ml Milch in einem Fonduetopf aufkochen lassen, dabei gelegentlich umrühren.

2. Die übrige Milch und Speisestärke verrühren. In die kochende Sirupmischung rühren und kurz köcheln lassen. Fondue mit Minzöl abschmecken.

3. Die Weintrauben und Erdbeeren waschen. Das Fondue auf dem Rechaud warm halten. Die Zutaten zum Dippen auf Fonduegabeln stecken und in die Sauce tauchen.

Beilage: Schokostreusel und geröstete Mandelblättchen.

Tipp:
*Zum Dippen können auch entsteinte Süß- und
Sauerkirschen und Blaubeeren verwendet werden.*

MINI-ZITRONAT-PFANNKUCHEN

1. Das Zitronat fein hacken. Ei, Milch, Mehl und Salz verrühren. Zitronat unterrühren.

2. Die Hälfte des Öls in einer beschichteten Pfanne erhitzen. Für jeden Mini-Pfannkuchen 1 Esslöffel Teig hineingeben und bei mittlerer Hitze etwa 2 Minuten von jeder Seite goldbraun backen.

3. Aus dem übrigen Teig im restlichem Öl wie beschrieben weitere Mini-Pfannkuchen backen.

MINI-JOHANNISBEER-KÜCHLEIN

1. Die Eier trennen. Eigelb, Milch, Mehl und Salz verquirlen. Die Johannisbeeren waschen, trockentupfen und von den Rispen streifen.

2. Das Eiweiß steif schlagen und mit einem Schneebesen unter den Teig heben. 2 Esslöffel Öl in einer beschichteten Pfanne erhitzen. Für jedes Küchlein 1 Esslöffel Teig hineingeben. Die Hälfte der Johannisbeeren darauf streuen und zugedeckt bei mittlerer Hitze von jeder Seite etwa 3 Minuten goldbraun backen.

3. Aus dem übrigen Teig im restlichem Öl wie beschrieben weitere Küchlein backen.

DIE ZUTATEN:

450 ml MILCH
1 DOSE GEZUCKERTE
KONDENSMILCH (400 g)
200 ml SCHLAGSAHNE
300 g SAHNE-KARAMELL-
BONBONS
(Z.B. KUHBONBONS)
30 g SPEISESTÄRKE

ZUM DIPPEN:
NOUGATECKEN
MARZIPAN-KUGELN
200 g TOAST- ODER
BUTTERWAFFELN

SAHNE-KARAMELL-FONDUE

1. Die Milch, Kondensmilch und 100 ml Sahne in einen Topf gießen. Die Karamell-bonbons dazugeben und unter gelegentlichem Rühren schmelzen lassen.

2. Die übrige Sahne und Speisestärke verrühren. In die kochende Bonbonmischung rühren und kurz köcheln lassen, in einen Fonduetopf geben, auf dem Rechaud warm halten. Die Zutaten zum Dippen auf Fonduegabeln stecken und in Sahne-Karamell tauchen.

Beilage: Gehobelte Zartbitterschokolade, Mokka-Puder (1 Teelöffel Instant-Kaffee und 1 Esslöffel Puderzucker mischen und durch ein feines Sieb streichen).

DIE ZUTATEN:

40 g HASELNUSS-
BLÄTTCHEN
150 g NOUGAT
50 g HALBBITTER-
KUVERTÜRE
1 FERTIGER SCHOKO-
BISKUITBODEN (CA. 130 g)

NOUGATECKEN

1. Die Haselnussblättchen in einer beschichteten Pfanne ohne Fett goldbraun rösten. Sofort herausnehmen und abkühlen lassen. Nougat und Kuvertüre in einer kleinen Schüssel im Wasserbad schmelzen.

2. Den Biskuit zerkrümeln. Nougat, Kuvertüre und Biskuitkrümel zu einer glatten Masse verarbeiten. Die Hälfte der Haselnussblättchen auf ein Stück Pergament-papier streuen. Die Nougatmasse darauf zu einem Rechteck (etwa 15 x 10 cm) strei-chen. Die übrigen Haselnussblättchen darüber streuen und leicht andrücken. Etwa 1 Stunde kühl stellen.

3. Die Nougat-Rechtecke längs halbieren und in Dreiecke schneiden.

DIE ZUTATEN:

50 g GETROCKNETE
APRIKOSEN
100 g MARZIPAN-
ROHMASSE
30 g CORNFLAKES

MARZIPANKUGELN

1. Die Aprikosen fein hacken und mit dem Marzipan verkneten. Aus der Masse etwa 16 kleine Kugeln formen.

2. Die Cornflakes zerbröseln und auf einen Teller geben. Die Kugeln in den Corn-flakes wenden. Die Cornflakes leicht andrücken.

RACLETTE

RACLETTE MIT GOUDA,
REZEPT SEITE 68

DIE ZUTATEN:

1 kg KARTOFFELN
800 g PIKANTJE VAN
GOUDA ODER MITTEL-
ALTER GOUDA
250 g ROHER SCHINKEN
ODER 200 g SALAMI IN
SCHEIBEN
MIXED PICKLES
CORNICHONS
SCHWARZE UND GRÜNE
OLIVEN (ENTSTEINT)
EINGELEGTE PEPERONI
SALZ
FRISCH GEMAHLENER
PFEFFER
ABGEZOGENE,
ZERDRÜCKTE KNOBLAUCH-
ZEHEN

RACLETTE MIT GOUDA

(FOTO SEITE 66/67)

1. Die Kartoffeln waschen, in Wasser zum Kochen bringen, in 20–25 Minuten gar kochen lassen, abgießen, erkalten lassen, pellen.

2. Den Käse in Scheiben in Größe der Pfännchen schneiden und auf einer Platte anrichten.

3. Den Schinken oder Salamischeiben, Mixed Pickles, Cornichons, schwarze und grüne Oliven, eingelegte Peperoni bereit stellen.

4. Aus den Zutaten nach Belieben die Pfännchen zusammenstellen, mit Salz und Pfeffer würzen. Nach Belieben die Pfännchen mit zerdrückten Knoblauchzehen würzen. Die Pfännchen unter dem Raclette-Grill schmelzen, bis der Käse zu fließen beginnt.

Beilage: Geröstetes Weißbrot, Eisbergsalat, Gemüsesalate.

DIE ZUTATEN:

800 g KARTOFFELN
4 TOMATEN
1 GRÜNE PAPRIKASCHOTE
1 KLEINE ZUCCHINI
250 g CHAMPIGNONS
2–3 ZWIEBELN
600–800 g RACLETTEKÄSE
SALZ
FRISCH GEMAHLENER
PFEFFER
GEREBELTER OREGANO
GEREBELTER THYMIAN

RACLETTE MIT GEMÜSE *(FOTO)*

1. Die Kartoffeln waschen, in Wasser zum Kochen bringen, gar kochen lassen, abgießen, pellen, warm stellen.

2. Die Tomaten waschen, Stängelansätze herausschneiden, in Scheiben schneiden. Die Paprikaschote halbieren, entstielen, entkernen, die weißen Scheidewände entfernen, die Schoten waschen, in Stücke schneiden.

3. Die Zucchini waschen, die Enden abschneiden, die Zucchini in Scheiben schneiden. Die Champignons putzen, mit Küchenpapier abreiben, evtl. abspülen, in Scheiben schneiden. Die Zwiebeln abziehen und in Scheiben schneiden.

4. Den Käse in Scheiben schneiden, nach Belieben das Gemüse in Pfännchen zusammenstellen, mit Salz, Pfeffer, Oregano und Thymian würzen, mit einer Käsescheibe belegen, die Pfännchen unter dem Raclette-Grill schmelzen, bis der Käse zu fließen beginnt.

Beilage: Geröstetes Baguette und Knoblauchbutter, Gemüsesalate.

DIE ZUTATEN:

150 g BUTTER
1 BUND SCHNITTLAUCH
1 BUND GLATTE
PETERSILIE
800 g SPEISEQUARK
(40 % FETT)
SALZ
FRISCH GEMAHLENER
PFEFFER
½–1 TL EINGELEGTER
GRÜNER PFEFFER
(A. D. GLAS)
50 g ALTER GOUDA

ZUM ÜBERBACKEN:
MARINIERTE PUTEN-
BRUSTSPIESSE
150 g BLANCHIERTE
BRECHBOHNEN
300 g BLANCHIERTE
KOHLRABISCHEIBEN
BUTTERMILCHWAFFELN

QUARK-RACLETTE MIT PUTENBRUSTSPIESSEN

1. Die Butter schmelzen. Schnittlauch und Petersilie abspülen und trockentupfen. Den Schnittlauch in Röllchen schneiden. Die Petersilienblätter hacken.

2. 400 g Quark mit den Kräutern und der Hälfte der Butter verrühren. Mit Salz und Pfeffer würzen. Kühl stellen.

3. Grünen Pfeffer abspülen, abtropfen lassen und fein hacken. Restlichen Quark mit grünem Pfeffer und der restlichen Butter verrühren. Mit Salz abschmecken. Kühl stellen.

4. Den Gouda reiben. Nach Belieben Zutaten zum Überbacken in die Pfännchen geben. Kräuter- oder Pfefferquark darauf verteilen und eventuell mit Käse bestreuen. Die Zutaten in den Pfännchen überbacken.

Beilage: 1 kg gekochte, gepellte Kartoffeln, in Spalten geschnitten (auf der geölten Racletteplatte warm halten), Gewürzgurken und verschiedene Brotsorten.

DIE ZUTATEN:

1 DÜNNES PUTEN-
SCHNITZEL (200 g)
2 EL WEISSWEIN
2 TL MITTELSCHARFER
SENF

MARINIERTE PUTENBRUSTSPIESSE

1. Die Putenschnitzel der Länge nach in 8–10 Streifen schneiden. Streifen wellenförmig auf kleine Schaschlik- oder Holzspieße stecken.

2. Den Weißwein und Senf verrühren. Die Fleischspieße in der Marinade wenden und kühl stellen. Mindestens 1 Stunde marinieren.

3. Die Spieße etwas trockentupfen.

BUTTERMILCHWAFFELN

1. Die Buttermilch, Eier, Öl und Salz verschlagen, auf das Mehl gießen und zu einem glatten Teig verrühren. 15 Minuten stehen lassen.

2. Die Frühlingszwieblen putzen, wachen, sehr fein würfeln und unter den Teig rühren.

3. Das Waffeleisen vorheizen und dünn mit Öl bestreichen. Aus dem Teig nacheinander 6 Waffeln backen. Die Waffeln auf einem Rost abkühlen lassen.

DIE ZUTATEN:

250 g BUTTERMILCH
2 EIER (GRÖSSE M)
4 EL SPEISEÖL
½ TL SALZ
200 g WEIZENMEHL
2 FRÜHLINGSZWIEBELN
(70 g)
SPEISEÖL ZUM
BESTREICHEN

DIE ZUTATEN:

200 g PARMESAN
500 g MASCARPONE
(ITAL. FRISCHKÄSE)
SALZ

ZUM ÜBERBACKEN:
AUBERGINENRÖLLCHEN
GEFÜLLTE WEINBLÄTTER
KALBSLEBERPÄCKCHEN
250 g HALBIERTE
KIRSCHTOMATEN
250 g CHAMPIGNONS
400 g GRÜNE UND GELBE
ZUCCHINISCHEIBEN

RACLETTE MIT MASCARPONE UND PARMESAN

1. Den Parmesan auf der groben Seite der Haushaltsreibe raspeln. Mascarpone salzen und mit dem Handrührgerät mit Rührbesen kurz aufschlagen.

2. Nach Belieben die Zutaten zum Überbacken in die Pfännchen geben. Mascarpone und Parmesan darauf verteilen und überbacken.

Beilage: Kapernfrüchte (a. d. Glas), Kirschpaprika (a. d. Glas), Salzmandeln.

Saucen: Mandarinensauce (Seite 80), Tsatsiki (fertig gekauft).

DIE ZUTATEN:

1 AUBERGINE (300 g)
SALZ
100 g FETA-KÄSE
½ BUND BASILIKUM
4 EL OLIVENÖL

AUBERGINENRÖLLCHEN

1. Die Aubergine waschen, putzen und der Länge nach in etwa 12 dünne Scheiben schneiden. Scheiben mit etwas Salz bestreuen und mindestens 15 Minuten Saft ziehen lassen.

2. Den Käse in 12 Streifen schneiden. Basilikum abspülen und trockentupfen.

3. Die Auberginenscheiben mit Küchenpapier abtupfen. Die Auberginenscheiben portionsweise in etwas Öl goldbraun braten und auf Küchenpapier abtropfen lassen.

4. Jede Scheibe mit einigen Basilikumblättern und 1 Stück Käse belegen und aufrollen.

DIE ZUTATEN:

150 g GEPUTZTE KALBS-
LEBER (ERSATZWEISE
GEFLÜGELLEBER)
6 SCHEIBEN BACON
(DÄNISCHER FRÜH-
STÜCKSSPECK, 130 g)
2 EL SPEISEÖL

KALBSLEBERPÄCKCHEN

1. Die Leber waschen, abtropfen lassen und mit Küchenpapier abtupfen. Leber in 12 kleine dünne Scheiben schneiden.

2. Den Baconscheiben nebeneinander ausbreiten und quer halbieren. Jedes Leberstück in ein Stück Bacon einschlagen.

3. Die Päckchen bei milder Hitze im Öl leicht anbraten, so dass die Leber von außen hell wird. Auf einem Kuchengitter abkühlen lassen.

GEFÜLLTE WEINBLÄTTER

1. Die Tomaten und Rosinen abspülen und abtropfen lassen. Tomaten quer in dünne Streifen schneiden.

2. Die Gemüsebrühe aufkochen lassen. Tomaten, Rosinen und Couscous unterrühren, aufkochen und bei milder Hitze zugedeckt 8–10 Minuten kochen, bis die Brühe aufgesogen ist. Couscous mit Salz, Pfeffer, Zimt und Kreuzkümmel würzen. Lauwarm abkühlen lassen.

3. Die Weinblätter evtl. kurz abspülen, wenn sie sehr salzig sind, nebeneinander ausbreiten und mit Küchenpapier abtupfen. Couscous in 12 Portionen teilen, auf den unteren Teil der Blätter legen und einrollen.

DIE ZUTATEN:

4 GETROCKNETE TOMATEN
20 g ROSINEN
250 ml ($\frac{1}{4}$ l) GEMÜSE-
BRÜHE
70 g COUSCOUS
(REFORMHAUS ODER
TÜRKISCHE LÄDEN)
SALZ
FRISCH GEMAHLENER
PFEFFER
GEMAHLENER ZIMT
GEMAHLENER KREUZ-
KÜMMEL
12 WEINBLÄTTER (A. D.
GLAS; TÜRKISCHE LÄDEN)

DIE ZUTATEN:

1 TL ROSMARINNADELN
½ TL FENCHELSAMEN
½ TL SCHWARZE
PFEFFERKÖRNER
1 MSP. GROBKÖRNIGES
MEERSALZ
4 EL OLIVENÖL
3 PAKETE MOZZARELLA (JE
125 g ABTROPFGEWICHT)
300 g GORGONZOLA
(ERSATZWEISE ANDERER
EDELPILZKÄSE, Z.B.
ROQUEFORT)

ZUM ÜBERBACKEN:
PILZ-GNOCCHI
SPAGHETTI MIT
GETROCKNETEN TOMATEN
GEFÜLLTE CANNELLONI
150 g EINGELEGTE SCAMPI
ODER GARNELEN

DIE ZUTATEN:

10 g GETROCKNETE
STEINPILZE
3 EL OLIVENÖL
2 TÜTEN KARTOFFEL-
PÜREE MIT MILCH
(FÜR JE 3 PORTIONEN)
500 ml (½ l) MILCH
1 EI (GRÖSSE M)
20 g WEIZENMEHL
(TYPE 405)
FRISCH GEMAHLENER
PFEFFER
GERIEBENE MUSKATNUSS
WEIZENMEHL ZUM
BEARBEITEN

NUDEL-RACLETTE

1. Die frischen Rosmarinnadeln hacken. Die Rosmarinnadeln mit Fenchelsamen, Pfefferkörnern und Salz im Mörser zerstoßen. Öl unterrühren.

2. Den Mozzarella abtropfen lassen und in Scheiben schneiden. Mit dem Kräuteröl bestreichen. Mindestens 1 Stunde stehen lassen. Gorgonzola in Scheiben schneiden.

3. Nach Belieben Zutaten zum Überbacken in die Pfännchen geben. Mozzarella- oder Gorgonzolascheiben darauf legen und überbacken.

Beilage: Nussbrot, Blattsalate, Räucherlachsscheiben, Parmaschinken, in dünne Scheiben geschnitten, eingelegte schwarze und grüne Oliven und Tomatenscheiben.

Tipp:
Dazu einen kräftigen Rotwein servieren.

PILZ-GNOCCHI

1. Die Steinpilze in ein Sieb geben, mit kaltem Wasser abspülen und abtropfen lassen. Steinpilze fein hacken und im Öl etwa 2 Minuten dünsten.

2. Das Püreepulver in eine Schüssel geben. Milch aufkochen, dazugeben und sofort mit einem Kochlöffel unterrühren. Erst Steinpilze und Ei, dann Mehl unterrühren. Püreemasse mit Pfeffer und Muskat würzen. Abkühlen lassen.

3. Die Püreemasse halbieren. Jede Hälfte auf der bemehlten Arbeitsplatte zu einer etwa 30 cm langen Rolle formen. Rollen in Scheiben schneiden und mit bemehlten Händen zu Kugeln rollen. Mit dem Finger in jede Kugel eine Vertiefung drücken.

4. Die Gnocchi portionsweise in reichlich siedendes Salzwasser geben und so lange kochen, bis sie an der Oberfläche schwimmen. Mit der Schaumkelle herausheben und möglichst nebeneinander abkühlen lassen. Nach Belieben überbacken.

DIE ZUTATEN:

20 g GETROCKNETE
TOMATEN (FEINKOST-
ABTEILUNG, TÜRKISCHE
LÄDEN)
3 ZWEIGE THYMIAN
1–2 EL OLIVENÖL
125 ml (⅛ l) WASSER
70 g SPAGHETTI
SALZ

DIE ZUTATEN:

1 ZWIEBEL (40 g)
½ WÜRFEL TK-BLATT-
SPINAT (ETWA 60 g)
250 g KALBSBRÄT
2 EL OLIVENÖL
6 CANNELLONI
SALZ

DIE ZUTATEN:

500 g MASCARPONE
(ITAL. FRISCHKÄSE)
500 g CRÈME FRAÎCHE

ZUM ÜBERBACKEN:
PFLAUMENKOMPOTT
KAISERSCHMARRN
APFELKOMPOTT
SANDKUCHEN, IN WÜRFEL
GESCHNITTEN
ORANGENFILETS VON
3 FRÜCHTEN
8 ANANASRINGE (DOSE),
IN 2 ESSLÖFFELN RUM
MARINIERT
150 g HIMBEEREN
BUTTERKEKSE

SPAGHETTI MIT GETROCKNETEN TOMATEN

1. Die Tomaten waschen, mit Küchenpapier abtupfen, die Stängelansätze herausschneiden und die Tomaten quer in dünne Streifen schneiden. Den Thymian abspülen, trockentupfen und in sehr kleine Zweige zupfen.

2. Die Tomaten und Thymian im Öl andünsten. Wasser dazugeben. Tomaten im geschlossenen Topf etwa 5 Minuten dünsten, bis keine Flüssigkeit mehr vorhanden ist.

3. Die Spaghetti nach Packungsanleitung in Salzwasser kochen und abgießen. Die heißen Spaghetti mit den Tomaten mischen. Lauwarm abkühlen lassen, zu Nestern wickeln und auf einer Platte anrichten. Nach Belieben überbacken.

GEFÜLLTE CANNELLONI

1. Die Zwiebel abziehen und würfeln. Zwiebel und Spinat im Öl 10 Minuten dünsten. So lange im offenen Topf weiterdünsten, bis die Flüssigkeit verdampft ist. Abkühlen lassen.

2. Die Spinatmasse hacken und mit dem Kalbsbrät verrühren. Das Brät mit einem Teelöffel in die Cannelloni füllen, dabei mit einem Kochlöffelstiel nachstopfen.

3. Die Cannelloni in reichlich kochendes Salzwasser geben und etwa 10 Minuten garen. Abtropfen lassen. Cannelloni in breite Scheiben schneiden und nach Belieben überbacken.

SÜSSES RACLETTE (FOTO)

1. Nach Belieben Zutaten zum Überbacken in die Pfännchen geben. Crème fraîche oder Mascarpone darauf verteilen und überbacken.

Beilage: Ahornsirup, bunte Zuckerstreusel, gehackte Pistazienkerne, Zimtzucker und Eis.

Tipp:
1 Beutel Kaiserschmarren (für 2-3 Portionen) mit
200 ml Milch mit einem Schneebesen glatt rühren.
1 Esslöffel Butter in einer großen Pfanne erhitzen,
den Teig hineingeben und nach Packungsanleitung
backen, zu dem Süßen Raclette servieren.

SAUCEN, SALATE UND BEILAGEN

CHUTNEYS UND SAUCEN, REZEPTE SEITE 80–81

DIE ZUTATEN:

250 g VORBEREITETE,
ENTHÄUTETE TOMATEN
250 g VORBEREITETE,
GESCHÄLTE ÄPFEL
200 g GESCHÄLTE
BANANEN
1 TL CURRYPULVER
1 TL PAPRIKAPULVER
SALZ
FRISCH GEMAHLENER
PFEFFER
50 g ROSINEN
100 ml APFELSAFT
100 ml OBSTESSIG
$\frac{1}{2}$ PCK. (250 g) EXTRA-
GELIERZUCKER

CHUTNEY MIT BANANEN
(FOTO SEITE 78/79)

1. Von den Tomaten die Stängelansätze herausschneiden, evtl. entkernen, das Fruchtfleisch in feine Würfel schneiden, wiegen (250 g). Die Äpfel vierteln, entkernen. Äpfel fein würfeln, wiegen (250 g).

2. Die Bananen in Stücke schneiden. Alles mit den übrigen Zutaten in einem Topf unter Rühren zum Kochen bringen und etwa 10 Minuten unter Rühren kochen lassen.

3. Die Masse heiß in gründlich gesäuberte Gläser mit Twist-off-Deckeln® füllen und verschließen. Die Gläser sofort umdrehen und 5 Minuten auf dem Kopf stehen lassen.

DIE ZUTATEN:

2 EL SALATMAYONNAISE
250 g CRÈME FRAÎCHE
1 TL CURRYPULVER
SALZ
FRISCH GEMAHLENER
WEISSER PFEFFER
1 DOSE (185 g ABTROPF-
GEWICHT) MANDARINEN

MANDARINENSAUCE *(FOTO SEITE 78/79)*

1. Die Mayonnaise, Crème fraîche und Gewürze verrühren.

2. Die Mandarinen auf ein Sieb geben. Den Saft auffangen, 4–5 Esslöffel davon abmessen und unter die Sauce rühren.

3. Die Mandarinen etwas zerkleinern und unterheben. Evtl. nochmals abschmecken.

DIE ZUTATEN:

200 ml SCHLAGSAHNE
1 PCK. SAHNESTEIF
1 BECHER (150 g) NATUR-
JOGHURT
1 TL MEERRETTICH
SALZ
FRISCH GEMAHLENER
WEISSER PFEFFER
3 EL PREISELBEER-
KONFITÜRE

PREISELBEERSAHNE
(FOTO SEITE 78/79)

1. Die Sahne mit Sahnesteif steif schlagen. Den Joghurt unterheben. Meerrettich, Salz und Pfeffer unterrühren.

2. Die Preiselbeerkonfitüre (etwas zum Garnieren zurücklassen) unter die Joghurt-Sahne-Masse heben. Die Preiselbeersahne abschmecken, in Schälchen anrichten, mit der zurückgelassenen Preiselbeerkonfitüre garnieren.

KRÄUTERSAUCE *(FOTO SEITE 78/79)*

1. Den Joghurt und Schmand verrühren. Den Senf und Gewürze unterrühren und die Sauce abschmecken.

2. Den gehackten Dill unterrühren. Die Sauce in Schälchen anrichten und mit abgespülten Kräutern garnieren.

DIE ZUTATEN:

2 BECHER (JE 150 g) NATURJOGHURT
200 g SCHMAND
2 GESTR. TL MITTEL-SCHARFER SENF
SALZ
FRISCH GEMAHLENER WEISSER PFEFFER
ZUCKER
2 EL GEHACKTER DILL
KRÄUTER ZUM DEKO-RIEREN, Z.B. KERBEL-BLÄTTCHEN

KAVIARSAUCE MIT ORANGENSTREIFEN *(FOTO SEITE 78/79)*

1. Die Crème fraîche mit dem Kaviar und der Orangenmarmelade verrühren, mit den Gewürzen abschmecken.

2. Die Orange heiß abwaschen, mit einem Zestenreißer feine Streifen abreißen oder nur die gelbe Schale abschneiden und in dünne Streifen schneiden. Die Streifen in kochendes Wasser geben und 5 Minuten kochen, abgießen.

3. Die Orange halbieren, den Saft auspressen. Orangensaft und -schale unter die Kaviar-Crème fraîche rühren, etwas Schale zum Garnieren zurücklassen.

4. Die Sauce in Schälchen geben und mit den zurückgelassenen Orangenschalenstreifen und evtl. etwas Kaviar garnieren.

DIE ZUTATEN:

2 BECHER (JE 150 g) CRÈME FRAÎCHE
1 GLAS (25 g) KAVIAR
1 GEH. TL ORANGEN-MARMELADE
SALZ
FRISCH GEMAHLENER WEISSER PFEFFER
1 ORANGE (UNBEHANDELT)

ROHE TOMATENSAUCE
(FOTO SEITE 78/79)

1. Die Tomaten kurze Zeit in kochendes Wasser legen (nicht kochen lassen), in kaltem Wasser abschrecken, enthäuten, die Stängelansätze herausschneiden, entkernen. Die Tomaten grob würfeln, zusammen mit dem Tomatenmark und -ketchup pürieren.

2. Die Tomatensauce mit den Gewürzen und Rotwein abschmecken. Bis zum Servieren kalt stellen.

DIE ZUTATEN:

1 kg FLEISCHTOMATEN
2–3 EL TOMATENMARK
2 EL TOMATENKETCHUP
SALZ
FRISCH GEMAHLENER WEISSER PFEFFER
OREGANO
TABASCOSAUCE
2–3 EL ROTWEIN

DIE ZUTATEN:

2 HART GEKOCHTE EIER
2 EL SPEISEÖL
1 EL SENF
1 TL ESSIGESSENZ
1 TL ZWIEBELWÜRFEL
SALZ
FRISCH GEMAHLENER
PFEFFER
1 PRISE ZUCKER
1 TL GEHACKTER
ESTRAGON
1 EL GERIEBENER APFEL
3 EL ROTWEIN
½ TL TABASCOSAUCE

TEUFELSSAUCE (FOTO)

1. Die Eier pellen, Eigelb durch ein Sieb streichen, nach und nach Öl, Senf, Essigessenz und Zwiebelwürfel unterrühren. Mit Salz, Pfeffer, Zucker und Estragon abschmecken.

2. Nach und nach Apfel, Wein und Tabascosauce unterrühren. Nach Belieben nochmals mit den Gewürzen abschmecken.

Tipp:
Zu gegrilltem Fleisch oder Fondue reichen.

DIE ZUTATEN:

100 g CASHEWKERNE
120 g ZWIEBELN
1–2 KNOBLAUCHZEHEN
50 g GESCHÄLTER SESAM
4 EL SPEISEÖL
5-6 EL TOMATENKETCHUP
SALZ
FRISCH GEMAHLENER
PFEFFER
½ TL SAMBAL OELEK

SESAM-NUSS-SAUCE

1. Die Cashewkerne fein hacken und in einer Pfanne ohne Fett goldbraun rösten.

2. Die Zwiebeln abziehen und fein würfeln. Den Knoblauch abziehen und durch die Presse drücken.

3. Sesam zu den Cashewkernen geben und kurz anrösten. Öl, Zwiebeln, Knoblauch und Ketchup dazugeben. Bei milder Hitze in der geschlossenen Pfanne etwa 15 Minuten köcheln lassen, dabei gelegentlich umrühren.

4. Die Sauce mit Salz, Pfeffer und Sambal Oelek würzen und nochmals aufkochen lassen. Abkühlen lassen.

DIE ZUTATEN:

10 EL WASSER
150 g ERDNUSSCREME
MIT STÜCKEN
1–2 TL SOJASAUCE
SAMBAL OELEK
1 TL NEUTRALER HONIG

ERDNUSSSAUCE

1. Wasser in eine Schüssel geben. Erdnusscreme nach und nach unterrühren. Mit Sojasauce, Sambal Oelek und Honig würzen.

DIE ZUTATEN:

100 g ROTE LINSEN
200 ml GEMÜSEBRÜHE
200 g FRÜHLINGS-
ZWIEBELN
150 g APRIKOSEN
(AUS DER DOSE)
150 g ZUCKERSCHOTEN
SALZ
20 g INGWER (ERSATZ-
WEISE ½ TL GEMAHLENER
INGWER)
1–2 EL HIMBEERESSIG
SALZ
FRISCH GEMAHLENER
PFEFFER
4 EL SONNENBLUMENÖL
1–2 EL NUSSÖL

ROTE-LINSEN-SALAT

1. Die Linsen in die kochende Brühe geben, aufkochen und bei milder Hitze etwa 8 Minuten kochen, bis die Brühe aufgesogen ist. Die Frühlingszwiebeln putzen, waschen, schräg in Ringe schneiden und unter die heißen Linsen heben. Abkühlen lassen.

2. Die Aprikosen in Spalten schneiden. Die Zuckerschoten waschen, putzen und in kochendem Salzwasser 2 Minuten blanchieren. Die Zuckerschoten kalt abschrecken und quer in Streifen schneiden.

3. Den Ingwer schälen und reiben. Essig, Salz, Pfeffer, Ingwer und die Öle zu einer Salatsauce verrühren und abschmecken. Das Linsengemüse, Aprikosen und Zucker-schoten mit der Sauce mischen und mindestens 1 Stunde durchziehen lassen.

4. Den Salat vor dem Servieren nochmals abschmecken.

SCHWARZWURZELSALAT

DIE ZUTATEN:

1 GLAS SCHWARZWUR-
ZELN (320 g ABTROPF-
GEWICHT)
50 g FELDSALAT
100 g MÖHREN
2 ORANGEN
1–2 EL OBSTESSIG
2 EL SONNENBLUMENÖL
2–3 EL NUSSÖL
SALZ
FRISCH GEMAHLENER
PFEFFER
CAYENNEPFEFFER

1. Die Schwarzwurzeln in einem Sieb abspülen und abtropfen lassen. Den Feldsalat waschen, putzen und trockenschleudern.

2. Die Möhren waschen, schälen und in sehr dünne, etwa 3 cm lange Streifen schneiden.

3. Die Orangen wie einen Apfel schälen, dabei die weiße Haut ganz entfernen. Fruchtfilets zwischen den Trennhäuten herausschneiden. Dabei den Fruchtsaft auffangen.

4. Obstessig, 3–4 Esslöffel Orangensaft, beide Öle, Salz, Pfeffer und Cayennepfeffer zu einer Salatsauce verrühren. Das Gemüse darin mischen und mindestens 30 Minuten ziehen lassen. Kurz vor dem Servieren den Salat mit Salz und Pfeffer abschmecken. Auf dem Feldsalat anrichten.

DIE ZUTATEN:

400 g RETTICH
3–5 EL SPEISEÖL
SALZ
10 g SESAMSAMEN
3 EL OBSTESSIG
GEMAHLENER KREUZ-
KÜMMEL
3 RADIESCHEN
EINIGE SCHNITTLAUCH-
HALME

MARINIERTE RETTICH-SCHEIBEN *(FOTO)*

1. Den Rettich schälen, in dünne Scheiben schneiden oder hobeln und portionsweise von beiden Seiten im erhitzten Öl anbraten. Auf Küchenpapier abtropfen lassen und salzen.

2. Den Sesam in einer Pfanne ohne Fett goldbraun rösten.

3. Den Sesam, Essig, wenig Salz und Kreuzkümmel verrühren. Den Rettich unterheben und mindestens 30 Minuten durchziehen lassen.

4. Die Radieschen putzen, waschen und hacken. Den Schnittlauch abspülen, trockentupfen und in lange Röllchen schneiden. Den Rettich mit Schnittlauch und Radieschen bestreuen.

DIE ZUTATEN:

75 g MUNGOBOHNEN-
SPROSSEN
75 g SPINAT
125 g KIRSCHTOMATEN
1 EL OBSTESSIG
1 EL BALSAMICO-ESSIG
SALZ, PFEFFER
3 EL SPEISEÖL

SPINATSALAT *(FOTO)*

1. Die Sprossen verlesen, waschen, gut trockentupfen. Den Spinat verlesen, waschen und abtropfen lassen. Die Tomaten waschen, je nach Größe, vierteln oder sechsteln und die Stängelansätze entfernen.

2. Aus Obstessig, Balsamico-Essig, Salz, Pfeffer und Öl eine Salatsauce rühren. Mit den vorbereiteten Salatzutaten mischen.

DIE ZUTATEN:

1–2 KNOBLAUCHZEHEN
1 SCHALOTTE
$\frac{1}{2}$–1 ROTE CHILISCHOTE
1 EL SPEISEÖL
150 g GETROCKNETE
PFLAUMEN (OHNE STEIN)
1 MSP. GEMAHLENER ZIMT
250 ml ($\frac{1}{4}$ l) WASSER
1 LIMETTE, PFEFFER
LIMETTENSCHEIBEN ZUM
GARNIEREN

PFLAUMENSAUCE

1. Knoblauch abziehen und durch die Presse drücken. Schalotte abziehen und würfeln. Chili waschen, der Länge nach aufschneiden, entkernen und würfeln.

2. Knoblauch, Schalotte und Chili in Öl andünsten. Pflaumen und Zimt dazugeben. Mit Wasser ablöschen und zugedeckt 10 Minuten kochen.

3. Pflaumen mit dem Schneidstab pürieren. Limette heiß abspülen und trockenreiben. Limettenschale abreiben, Limette auspressen. Pflaumensauce mit Limettenschale und -saft und Pfeffer würzen. Abkühlen lassen. Mit Limettenscheiben garnieren.

DIE ZUTATEN:

150 g BANDNUDELN
SALZ
50 g SESAMSAMEN
50 g LUZERNE- ODER
ALFALFASPROSSEN
2–3 EL WEISSWEINESSIG
3–4 TL SOJASAUCE
1 EL ZUCKER
FRISCH GEMAHLENER
PFEFFER
2 EL SONNENBLUMENÖL
1–2 TL SESAMÖL

NUDELSALAT MIT SESAM

1. Die Nudeln nach Packungsanleitung in Salzwasser kochen, abgießen und kalt abschrecken.

2. Den Sesam in einer Pfanne ohne Fett goldbraun rösten. Sprossen in einem Sieb abspülen und abtropfen lassen.

3. Essig, Sojasauce, Zucker, Salz, Pfeffer und Öle zu einer Salatsauce verrühren. Die Nudeln, Sesam und ¾ der Sprossen mit der Sauce mischen und mindestens 1 Stunde stehen lassen.

4. Den Salat, falls nötig, nachwürzen und mit den restlichen Sprossen garnieren.

SPAGHETTINISALAT

1. Die Spaghettini 3–4 mal durchbrechen und nach Packungsanleitung in kochendem Salzwasser garen.

2. Den Porree putzen, der Länge nach halbieren, waschen und quer in halbe Ringe schneiden. Ringe 2 Minuten vor Ende der Garzeit zu den Spaghettini geben und mitgaren. Die Spaghettini und Porree abgießen, mit kaltem Wasser abschrecken und abtropfen lassen.

3. Den Staudensellerie putzen, waschen und fein würfeln. Pfeffer abspülen, abtropfen lassen und fein hacken.

4. Die Mayonnaise mit Sojasauce verrühren. Alle Salatzutaten mischen und mindestens 30 Minuten ziehen lassen. Den Spaghettinisalat mit Salz und Pfeffer abschmecken.

DIE ZUTATEN:

120 g SPAGHETTINI
(ERSATZWEISE KURZE
SPAGHETTI)
SALZ
1 DÜNNE STANGE (100 g)
PORREE (LAUCH)
50 g STAUDENSELLERIE
1–2 TL EINGELEGTER
GRÜNER PFEFFER
(AUS DEM GLAS)
70 g SALATMAYONNAISE
(50 % FETT)
1–2 EL SOJASAUCE
FRISCH GEMAHLENER
PFEFFER

DIE ZUTATEN:

6 DICKE SCHEIBEN WEISS-
BROT
5 EL OLIVENÖL
3 KNOBLAUCHZEHEN
75 g MANDELSTIFTE
JE ½ ROTE UND GRÜNE
PAPRIKASCHOTE
2 FLEISCHTOMATEN
150 g ROHER SCHINKEN
10 SCHWARZE OLIVEN
2–3 EL WEINESSIG
SALZ
FRISCH GEMAHLENER
PFEFFER

DIE ZUTATEN:

250 g MÖHREN
2 EL SPEISEÖL
SALZ
½ SALATGURKE (250 g)
1 GLAS EINGELEGTER
KÜRBIS
(200 g ABTROPFGEWICHT)
1 BUND PFEFFERMINZE
2–3 EL OBSTESSIG
FRISCH GEMAHLENER
PFEFFER
1–2 TL ZUCKER

DIE ZUTATEN:

10 g KOKOSRASPEL
150 g SALATGURKE
1 APFEL (ETWA 200 g)
½ BUND KORIANDER
2 EL ZITRONENSAFT
3 TL WILDBLÜTENHONIG
SALZ, SAMBAL OELEK
2 EL WALNUSSÖL

BROTSALAT „ITALIENISCH"
(6 PORTIONEN – FOTO)

1. Vom Weißbrot die Rinde abschneiden. Weißbrot in Würfel schneiden, in erhitztem Öl leicht rösten. Knoblauch abziehen, durch die Presse zu dem Brot geben.

2. Die Mandelstifte in einer Pfanne ohne Fett leicht rösten. Paprikaschoten vierteln, entstielen, entkernen, die weißen Scheidewände entfernen, Paprika waschen, in Würfel schneiden.

3. Die Tomaten waschen, Stängelansätze entfernen, Tomaten in Würfel schneiden. Schinken in Streifen schneiden.

4. Die Zutaten mit den Oliven mischen. Essig mit Salz und Pfeffer verrühren, nach Belieben noch etwas Öl hinzufügen und die Zutaten mischen. Den Salat etwas durchziehen lassen.

SÜSS-SAURER SALAT

1. Die Möhren waschen, schälen, würfeln und 5 Minuten abgedeckt im Öl dünsten. Die Möhren salzen und abkühlen lassen.

2. Die Gurke waschen, der Länge nach halbieren und mit einem Löffel entkernen. Die Hälften in Würfel schneiden.

3. Den Kürbis auf einem Sieb abtropfen lassen und klein schneiden. Die Minze abspülen und trockentupfen. Die Blätter, bis auf einige zum Garnieren, hacken.

4. Die Gurkenwürfel, Essig, Kürbis und Minze zu den Möhren geben. Mit Salz, Pfeffer und Zucker würzen und mindestens 1 Stunde stehen lassen.

5. Den Salat vor dem Servieren abschmecken und mit der restlichen Minze garnieren.

APFEL-GURKEN-SALAT MIT KOKOS

1. Die Kokosraspel in einer Pfanne ohne Fett goldbraun rösten. Die Gurke waschen, längs halbieren. Die Kerne mit einem Teelöffel herausschaben. Die Gurke in dünne Scheiben schneiden. Apfel waschen, vierteln, entkernen und quer in dünne Scheiben schneiden.

2. Den Koriander abspülen, trockenschütteln. Die Blätter hacken. Aus Zitronensaft, Honig, Salz, Sambal Oelek und Öl eine Salatsauce rühren. Mit den vorbereiteten Salatzutaten mischen, mit Kokosraspeln bestreuen.

RATGEBER

Für die Gastgeber sind Fondue und Raclette eine praktische Sache, weil alles rechtzeitig vorbereitet werden kann. So bleibt die gesellige Runde zusammen und keiner muss immer wieder in die Küche laufen, um etwas nachzuholen oder neue Gänge anzurichten.

Bei Fondue und Raclette werden zu Beginn des Essens alle Zutaten auf oder neben dem Tisch bereitgestellt, inklusive aller Beilagen und Getränke.

Die Geräte

Das Wichtigste auf dem Fondue- bzw. Raclettetisch ist das Gerät in der Tischmitte, das der Art des Fondues bzw. Raclette entsprechend ausgewählt werden muss.

Bei der Auswahl des Tisches sollte darauf geachtet werden, dass der Fonduetopf oder das Raclette bequem für alle Gäste erreichbar ist und alle Gäste genug Armfreiheit haben.

Wenn mehr als 6 Personen mitessen, ist es empfehlenswert, zwei oder mehr Fonduetöpfe auf den Tisch zu stellen. (Vielleicht ist ein Gast so freundlich, sein Gerät mitzubringen.) Denn bei mehr als 6 Personen wird der Weg zum Gerät zu weit. Brühe oder Fett kühlen während des Fondues zu stark aus, wenn zu viel auf einmal darin gegart wird.

Man kann auch zwei verschiedene Fondues servieren, z.B. ein Fettfondue und ein Brühenfondue und wird so verschiedenen Vorlieben gerecht. Fonduetopf, Saucen- und Dipschalen, Brot und Salat benötigen auf dem Tisch genügend Platz. Es kann notwendig sein, für die Getränke evtl. einen Teewagen oder Beistelltische bereitzuhalten.

Bei den Brennern sollten Sie sich an die Anweisungen des Herstellers halten, was insbesondere die Sicherheitshinweise beim Nachfüllen der Brenner betrifft. Besonders präzise lassen sich elektrische Geräte regeln.

Die Töpfe müssen der Art des Fondues entsprechen. Zum Garen in siedendem Fett und in kochender Brühe eignen sich am besten hohe Töpfe, die sich nach oben

hin verjüngen und eine enge Öffnung haben, damit es nicht spritzt.

Die Töpfe für Käsefondues sind eine Art flache Keramik-Kasserolle mit einem langen Griff. Ebenso gut eignen sich andere flache Töpfe aus feuerfestem Material, deren Öffnung sich ein wenig verengt.

Für süße Fondues hängt die Auswahl des Topfes von der Hitzequelle ab, da viele dieser Fondues nur heiß bleiben müssen. Dabei ist es wichtig, dass die Töpfe die Hitze auf dem Stövchen mit Kerze oder der Elektro-Warmhalteplatte gut halten.

Darüberhinaus werden Essbesteck und Fonduegabeln benötigt. Fonduegabeln müssen bei Fettfondues einen Griff haben, der nicht heiß werden kann. Für kleine, weiche Zutaten, die von den Fonduegabeln rutschen würden, sind kleine Metallsiebchen oder -körbchen praktisch. Es gibt sie in Asia-Läden oder Haushaltswarengeschäften.

Zutaten und Zubereitung

Käsefondues

Für Käsefondues sind besonders abgelagerte Käsesorten geeignet, da sie nicht oder kaum noch Fäden ziehen. Schmelzfähig sind jedoch alle Käsesorten, probieren Sie ruhig auch andere als die angegeben Käsesorten aus.

Käsefondues werden zunächst auf der Kochstelle in einem Topf mit dickem Boden bei mittlerer Hitze geschmolzen. Dabei sollten Sie die Masse immer in Form einer Acht durchrühren, damit sie nicht ansetzt.

Zum Eintauchen ins Käsefondue eignen sich außer Brot viele andere Zutaten und Zubereitungen, die köstlich schmecken, wenn sie kurz in die heiße Käsemasse getaucht werden. Brot sollten Sie so in mundgerechte Stücke schneiden, dass jedes Stück wenigstens an einer Seite noch knusprige Rinde hat, damit die Fonduegabel daran Halt findet. Lassen Sie sich aber auch von unseren Vorschlägen und Rezepten inspirieren und probieren Sie ruhig auch neue Kombinationen aus.

RATGEBER

Raclette

Das Raclette ist ein Käsegericht aus dem Schweizer Kanton Wallis. In früheren Zeiten war es ein Essen der Bergbauern. Heute wird Raclette in vielen Restaurants und auch in Privathaushalten in fröhlicher Runde zubereitet. Freilich nur selten in der ursprünglichen Form. So ist das Original-Rezept: Große Käsestücke (Laibe) werden mit der Schnittfläche an die Glut der Feuerstelle (Kamin) gehalten, bis die Oberfläche des Käses weich zu werden beginnt. Diese weiche, leicht gebräunte Schicht mit einem Spezial-Messer, dem Raclette, auf vorgewärmte Teller geschabt und mit geschrotetem Pfeffer bestreut, serviert. Da diese Zubereitungsart in nur wenigen Haushalten möglich ist, wurden spezielle Raclette-Geräte entwickelt. In diesen Geräten lassen sich am Tisch viele Zutaten mit Käse schmackhaft überbacken.

Fondues aus dem Fettbad

Das wichtigste beim Frittieren ist die richtige Auswahl des Fettes. Besonders gut zum Frittieren eignen sich feste Pflanzenfette und -öle. Pflanzenöle gibt es als sogennannte sortenreine Öle, z.B. Sonnenblumenöl, oder Ölmischungen, die unter verschiedenen Namen im Handel sind. Zum Frittieren sollten möglichst geschmacksneutrale Öle verwendet werden, die sich gut erhitzen lassen, z.B. Erdnussöl.

Feste weiße Pflanzenfette sind besonders hitzestabil und geschmacksneutral, sie bestehen hauptsächlich aus Palmkern- oder Kokosfett.

Kaltgepresste Öle und Olivenöl eignen sich nicht zum Frittieren, da die darin enthaltenen Fettsäuren sich bei großer Hitze verändern. Butter und Margarine sind ebenfalls nicht geeignet, da sie Wasser enthalten und deshalb spritzen.

Füllen Sie den Fonduetopf nur zur Hälfte mit Fett, damit es beim Hineingeben der Zutaten nicht herausspritzt und sich evtl. an der Flamme im Rechaud entzündet. Erhitzen Sie das Fett zunächst auf der Kochstelle auf etwa 180 °C und stellen Sie es erst dann auf den Rechaud.

Man sollte darauf achten, dass das Fett zum Frittieren heiß genug ist, damit der Frittiervorgang nicht zu lange dauert und Fleisch und Gemüse sich nicht mit Fett vollsaugen. Die Fett-Temperatur ist optimal, wenn sich die Poren des Gargutes sofort schließen. Dann steigen rund um das Gargut kleine Bläschen auf.

Verwenden Sie das Fett nicht häufiger als dreimal. Lassen Sie es nach jedem Gebrauch durch ein mit Küchen- oder Filterpapier ausgelegtes Sieb laufen, um Verunreinigungen zu entfernen.

Verbrauchtes Fett sollten Sie in ein gut verschließbares Gefäß geben und in den Hausmüll oder zu einer Altölsammelstelle geben. Es gehört auf keinen Fall in den Ausguss.

Fondues aus der Brühe

Die Brühe für Fondues sollte hochwertig sein, da die Brühe auch für den Geschmack der Zutaten, die hineingetaucht werden, entscheidend ist. Es eignen sich Brühen oder Fonds aus dem Glas oder selbst gemachte Brühen. Sie können mit Wein, Sherry, Reiswein oder Würzsaucen noch verfeinert werden.

Süße Fondues

Süße Fondues eignen sich als Partyspaß für große und kleine Kinder. Sie können sie aber auch als geselliges Ende eines Essens vorbreiten. Bereiten Sie die Fonduemasse auf der Kochstelle vor und halten Sie sie auf einer Wärmeplatte oder einem Stövchen warm.

Wichtig !

Beachten Sie die Bedienungsanleitung und Sicherheitshinweise des Herstellers der Geräte, die Sie verwenden.

KAPITELREGISTER

HEYNE KOCHBUCH
07/2011

Herausgeber: Genehmigte Lizenzausgabe für den Wilhelm Heyne Verlag, München, 2000

Copyright: © 2000 by Ceres Verlag, Rudolf August Oetker KG, Bielefeld

Titelgestaltung: Kontur Design, Bielefeld
Graphisches Konzept: Andrea Kelger, Bielefeld
Gestaltung: M·D·H Reiner Haselhorst, Bielefeld

Redaktion: Jasmin Gromzik, Antje Günther

Rezeptberatung: Annette Elges, Bielefeld

Fotos: Heinrich Bauer Service KG, Hamburg
CMA, Bonn
Thomas Diercks, Hamburg
Ketchum PR, München
Ulrich Kopp, Füssen
Bernd Lippert, Bielefeld
Herbert Maass, Hamburg
Fotostudio Toelle, Bielefeld
Brigitte Wegner, Bielefeld
wpr communication, Königswinter

Satz: Typografika, Bielefeld

Reproduktion: Mohn Media · Mohndruck GmbH, Gütersloh

Druck: Mohn Media · Mohndruck GmbH, Gütersloh

Printed in Germany

ISBN 3-453-18219-7